类型教育视阈下产教科融合过程中大学生思想政治教育研究

卢应涛　季天伟　著

吉林大学出版社

·长春·

图书在版编目（CIP）数据

类型教育视阈下产教科融合过程中大学生思想政治教
育研究/卢应涛，季天伟著 . —— 长春：吉林大学出版
社，2023.4
ISBN 978-7-5768-1881-9

Ⅰ . ①类… Ⅱ . ①卢… ②季… Ⅲ . ①大学生 – 思想
政治教育 – 研究 – 中国 Ⅳ . ① G641

中国国家版本馆 CIP 数据核字 (2023) 第 133282 号

书　　名　类型教育视阈下产教科融合过程中大学生思想政治教育研究
　　　　　LEIXING JIAOYU SHIYU XIA CHAN-JIAO-KE RONGHE GUOCHENG ZHONG DAXUESHENG SIXIANG ZHENGZHI JIAOYU YANJIU

作　　者　卢应涛　季天伟
策划编辑　矫　正
责任编辑　矫　正
责任校对　田茂生
装帧设计　久利图文
出版发行　吉林大学出版社
社　　址　长春市人民大街 4059 号
邮政编码　130021
发行电话　0431-89580028/29/21
网　　址　http://www.jlup.com.cn
电子邮箱　jldxcbs@sina.com
印　　刷　天津鑫恒彩印刷有限公司
开　　本　787mm×1092mm　　1/16
印　　张　12
字　　数　200 千字
版　　次　2023 年 4 月　　　第 1 版
印　　次　2023 年 4 月　　　第 1 次
书　　号　ISBN 978-7-5768-1881-9
定　　价　68.00 元

前　言

　　课程思政建设是当前高职院校实现立德树人根本任务、培养德技并修高素质人才的重要途径。高职课程思政有其自身的规律和特点，应着眼于服务职业教育改革大局，找准着力点，为全面提高职业教育现代化水平提供保障。职业教育的类型属性明确了高职课程思政发展方向。2019 年国务院印发的《国家职业教育改革实施方案》确立了职业教育的类型地位，明确提出："职业教育与普通教育是两种不同教育类型，具有同等重要地位"[①]；2020 年教育部等九部门印发《职业教育提质培优行动计划（2020—2023 年）》进一步明确了职业教育与普通教育属于不同类型，但是具有同等重要的战略地位，并提出"分级培育遴选 10000 个左右具有职业教育特点的课程思政教育案例"[②]；2020 年 5 月，教育部印发了《高等学校课程思政建设指导纲要》（以下简称《纲要》），第五部分提出："高等职业学校要结合高职专业分类和课程设置情况，落实好分类推进相关要求"。[③] 因此，按照类型教育特征推进高职课程思政建设，有其必然的学理性和逻辑性。

　　职业教育向类型教育转变，标志着职业教育以独立的姿态列入我国现代教育体系，必须坚持以能力为本位的教育理念，积极推进职教改革，而

[①]　国务院关于印发《国家职业教育改革实施方案》的通知（国发〔2019〕4 号）_政府信息公开专栏 [EB/OL].（2019-02-13）[2021-10-16]. http://www.gov.cn/zhengce/content/2019-02/13/content_5365341.htm.

[②]　教育部等九部门印发《职业教育提质培优行动计划（2020—2023 年）》——职业教育进入提质培优新阶段_中华人民共和国教育部政府门户网站 [EB/OL].（2020-09-30）[2021-10-16]. http://www.moe.gov.cn/jyb_xwfb/s5147/202009/t20200930_492576.html.

[③]　教育部关于印发《高等学校课程思政建设指导纲要》的通知_教育_中国政府网 [EB/OL].（2020-06-06）[2021-10-16].http://www.gov.cn/zhengce/zhengceku/2020-06/06/content_5517606.htm.

1

课程思政建设就是推进职教改革、加强高职内涵建设的重要突破口，在课程建设中解决"培养什么人"的问题，在课堂教学中解决"怎样培养人"的问题，以适应新时代我国职业教育发展的要求。

2017年10月18日，习近平在党的十九大报告中指出，要深化产教融合。产教融合指职业院校根据所设专业，把产业与教学密切结合，互促互进，协同发展。产教融合既是一种人才培养模式，也是一种办学模式。产教科融合，是在产教融合的基础上发展而来，是对产教融合的丰富和深化，特指产业、教育和科技的融合。以产教科融合为依托，可以提高行业企业参与办学、实现科技创新的深度，健全多元化办学体制，加快校企协同育人进程。产业、教育和科技统筹融合，良性互动，完善需求导向的人才培养模式，提高人才供给与产业需求的匹配度，提升职业教育对经济发展和产业升级的贡献度。改革开放40余年，高职再出发，产教科融合是新时代高职办学模式的必然选择。以"产业发展"为核心、"教育教学"为支点、"科学技术服务"为动力，构建教师全覆盖、产业全渗透、教学全方位、科研齐发力的"产—教—科"耦合式发展模式，使人才培养、科学技术服务和产业发展紧密结合并形成相互支撑、相互促进的累积因果循环机制，实现产业、科技、人才的可持续发展。

然而，囿于体制机制等多种因素影响，我国职业教育产教科融合在发展上遭遇到了瓶颈。教育链、科技链、创新链与产业链连接不畅，人才链与市场链衔接不顺，人才培养供给侧与产业发展需求侧匹配度不高。一方面与职业教育自身的发展欠成熟有关；另一方面与缺乏系统的职业教育产教科融合政策体系有关，尽管在国家和省级层面已经出台了产教融合相关政策，但政策过于宏观、趋于封闭、缺乏相关支持、偏重规模，导致我国职业教育产教科融合政策在一定程度上落空、失效，实际操作起来较困难，难以满足市县及其教育领域、产业领域、科技领域全面深化产教科融合的需要。目前为止，我国还没有出台专门的产教科融合政策的法律，亟须对产教科融合的单项立法进行性积极探索，加大专项法律和法规出台的力度，提高产教科融合政策法律地位，在法律和法规的层次上明确各参与主体的责任、权利、权益。

而随着产教科融合在高职院校办学中的深入实施，人才培养模式、方式、形式发生一系列变革，也对高职院校开展课程思政带来新挑战，改进和加强高职学生的思想政治教育是新时代条件下立德树人的重要内容。因此，探索产教科融合背景下高职院校思想政治教育的变革与实践，寻找产教科融合背景下思想政治教育的有效路径，更好地实现产教融合、科教融汇协同育人，推进思想政治教育改革创新，对全面促进高职院校课程思政高质量发展，是具有重要现实意义的。

产教科融合过程中开展大学生思想政治教育，不仅可以丰富大学生思想政治教育的理念，创新大学生思想政治教育模式，丰富思想政治教育资源，而且还可以提升个人综合实力水平，并为企业发展提供科技知识支持，储备优秀人才。总而言之，产教科融合带给思想政治教育新的发展机遇，给思想政治教育注入了新的血液，有利于实现立德树人的根本任务。

基于此，本书以类型教育为视角，探讨了思想政治教育融入产教科融合过程中的可能性、必要性、可行性，深入了解产教科融合开展的具体情况，指出了产教科融合过程中高职思想政治教育的特点和时代诉求，深入剖析了产教科融合过程中大学生思想政治教育面临的挑战，结合我国的实际国情有针对性地提出解决对策。从合作教学的共同价值追求、师资队伍的专业性、完善的考评体系以及科学的管理机构入手，把思想政治教育更好地落实在产教科融合的全过程。为高职院校培养德技并修的高素质人才，提高办学水平和学校可持续发展提供了理论依据和借鉴意义。

类型教育视域下产教科融合过程中大学生思想政治教育要坚持为党育人、为国育才的使命，秉持发展的理念，以学生为中心，发挥思想政治教育的核心引领作用，构建产教科课程思政育人共同体，切实推进课程思政建设的健康发展，实现立德树人的远大目标。

总之，推进校企合作和产教科融合，是我国职业教育改革的总体要求和必然趋势。矛盾普遍存在于一切事物之中，每个事物都不是十全十美的存在，"课程思政"亦是如此。虽然目前产教科融合过程中大学生思想政治教育面临着一些新的挑战和问题，但道路是曲折的，前途是光明的，只要"校政企行"各育人主体和大学生坚守社会主义政治底线、共同努力，就一定能攻克难关，大大提升高等院校立德树人的实效性。

本书为广州市哲学社会科学发展十四五规划 2023 年度共建课题（项目编号：2023GZGJ90）；广东省高等职业院校艺术设计类专业教学指导

委员会 2022 年度教育教学改革项目（项目编号：2022YSSJ73）；广东轻工职业技术学院 2022 年度创新创业教育教学改革项目（项目编号：CYJG202215）；2020 年度广东轻工职业技术学院校级教学改革项目（项目编号：JG202013）的结项成果。

目 录

第一章　产教科融合过程中大学生思想政治教育的相关理论概述

　　类型教育是职业教育发展的性质定位，体现出职业教育的重要特征。产教科融合是职业教育高质量发展的必由之路。改革开放 40 余年，高职教育大力发展，逐步形成了顶岗实习、校企合作、产教科融合等办学模式，培养了大批高素质技术技能人才，对我国的现代产业体系建设产生了重要影响。然而，囿于体制机制等多种因素影响，教育链、科技链、创新链与产业链连接不畅，人才链与市场链衔接不顺，人才培养供给侧与产业发展需求侧匹配度不高。深化"产教科"融合，是破解这一问题的有效路径，以推进高职办学水平高质量发展。

一、类型教育概述

　　2021 年 4 月党中央召开全国职业教育大会，这是我国职业教育发展史上的重要会议，习近平作出重要指示，强调"要坚持党的领导，坚持正确办学方向，坚持立德树人，优化职业教育类型定位，深化产教融合、校企合作，深入推进育人方式、办学模式、管理体制、保障机制改革，稳步发展职业本科教育，建设一批高水平职业院校和专业，推动职普融通，增强职业教育适应性，加快构建现代职业教育体系，培养更多高素质技术技能人才、能工巧匠、大国工匠"[①]。职业教育被赋予了新的历史使命，迎来了重大发展机遇。"为谁培养人、培养什么样的人、怎样培养人"始终是教

[①]　习近平对职业教育工作作出重要指示强调：加快构建现代职业教育体系 培养更多高素质技术技能人才能工巧匠大国工匠 [N]. 光明日报，2021-04-14.

育的根本问题。[①] 高职院校肩负着为国家培养高素质技术技能人才的重任，培养的学生将来要进入各行各业，成为支撑我国经济持续发展和国家竞争力不断提高的重要力量。新修订的《中华人民共和国职业教育法》已于 2022 年 5 月 1 日起正式施行。该法明确提出职业教育与普通教育同等重要，明确了职业教育具有培养高技术技能的高素质劳动者的功能，从法律上确立了职业教育的类型定位。

（一）类型教育的内涵

首先，类型教育不等于教育类型。教育类型从主体看分为家庭、学校、社会三种，从形态来看，有制度、非形式化和形式化三种。类型教育有其子系统分类，各个分类是平行和并列关系，并没有地位和重要性的区别，只有培养方式和目的的差异。所以，在笔者看来，类型教育体现在两个方面，一是地位的平等性，二是任务与目的的特色差异性。苏志刚认为类型教育定义下的职业教育在内涵上主要体现在三个方面：一是新时代职业教育要实现现代化的高质量发展，应当与普通教育并驾齐驱，地位同等重要；二是政府统筹管理、企业社会多元参与、专业特色鲜明，需要管理体制和评价机制的突破；三是职业教育应该发挥应有职能，为促进经济社会高质量发展和提高国家综合国力提供人才资源支撑，直接服务于经济建设。[②] 在我国现有教育类型中，职业教育的特殊性在于其能够培养技术技能人才，为学生就业做准备，在教育中培育工匠精神比任何教育类型都重要。强调职业教育类型化发展，必须把培养学生的工匠精神的程度与目的作为区分普通教育与高等教育的重要指标和界定。

因此，将职业教育纳入类型教育，强调其鲜明特色，尤为必要和迫切，从而不断为经济社会发展提供支撑，提升教育整体水平。

（二）类型教育的职业教育定位

从新中国成立初期实行的"半工半读"，到改革开放初期的"'产''学''校''企'结合"，到 21 世纪初期的"校企合作"办学

---

① 习近平在中国人民大学考察时强调：坚持党的领导传承红色基因扎根中国大地 走出一条建设中国特色世界一流大学新路 [N]. 光明日报，2022-04-26.

② 苏志刚. 类型教育背景下高职院校品牌建设路径探究 [J]. 职业技术教育，2020（20）：6-9.

模式、"工学结合"人才培养模式，再到新时代产教科融合的新范式，均凸显了职业教育在社会经济发展中的重要作用。

2019年1月，《国家职业教育改革实施方案》（国发〔2019〕4号）总体目标指出，要"经过5-10年左右时间，职业教育基本完成由政府举办为主向政府统筹管理、社会多元办学的格局转变，由追求规模扩张向提高质量转变，由参照普通教育办学模式向企业社会参与、专业特色鲜明的类型教育转变"①。自此，职业教育的发展定位得以明确。相较于普通教育的综合性和基础性，作为类型教育的职业教育，其类型属性应体现以下三个方面的特征。

第一，职业教育与普通教育同等重要。《国家职业教育改革实施方案》指出："职业教育与普通教育是两种不同教育类型，具有同等重要地位。"②这从政策层面肯定了职业教育的地位。职业教育必须从传统的普通教育，即往往只在游离于经济和社会发展之外、与职业实践脱节、仅关注个性需求的纯学校形式的育人教育，向现代的职业教育，亦即将创造物质财富的产业需求与培育人文精神的教育需求整合为一体的教育转变，职业教育的培养目标得以确立。各地相继出台促进职业教育发展的相关政策、制度，逐步探索推进"中职—高职—职教本科—研究生"的职业教育发展的完整链条，重视职业教育、选择职业教育的社会氛围日渐形成。

第二，"双元"主体办学新模式。作为类型教育的职业教育，应该是产业与教育的深度契合，是学校与企业发挥各自优势，进行"双元"主体办学、育人的开放型和创新型的教育模式。学校人才培养的供给侧与产业结构需求侧的契合是类型教育的重要特征。"双元"主体着力通过产教融合、校企合作，充分发挥企业在办学中的重要主体作用。企业与学校进行联合办学，培养现代制造业、新兴服务业等行业所急需的大国工匠、能工巧匠，形成"双元"主体融合办学的局面，实现校企共建、共享、共赢。

第三，行业特色区域属性鲜明。职业教育是培养技术技能人才、促进

① 国务院关于印发国家职业教育改革实施方案的通知_教育_中国政府网[EB/OL].（2019-02-13）[2021-06-15].https://www.gov.cn/zhengce/content/2019-02/13/content_5365341.htm.

② 国务院关于印发国家职业教育改革实施方案的通知_教育_中国政府网[EB/OL].（2019-02-13）[2021-06-15].https://www.gov.cn/zhengce/content/2019-02/13/content_5365341.htm.

就业创业创新、提高中国制造和服务发展水平的重要基础，具有鲜明的行业特点。理想的职业教育应该是回归行业属性，向行业特色鲜明"小而精"的类型教育转变，发展优势专业，办出特色类型。确立"以（专业）群建院""以（专业）群建系"的建设思想，回归职业院校的行业属性，紧密结合专业优势和区域特色，服务经济社会发展。

（三）高等职业教育类型化发展

1. 高等职业教育

职业教育是一种能够使劳动者获得某种职业、获得生产劳动所需要的职业知识、技能和职业道德的教育活动，职业教育的目的是满足劳动者的就业需要或工作岗位的客观需求，进而推动经济社会的发展，加快国家产业结构的调整与转型。我国高等教育学科奠基人潘懋元先生明确提出高等职业教育是高等教育体系的主要组成部分。[①] 我国高等职业教育的发展真正意义上始于 20 世纪 90 年代，《关于教育体制改革的决定》《中国教育改革和发展纲要》等文件中明确提出了要大力发展高等职业教育。社会不仅需要培养学术型人才的研究型高校，还需要培养技术技能型人才的高职院校。现如今，高等职业教育在现代教育体系中发挥着重要作用。高等职业教育的高等性与职业性并存，在高等教育中较为强调职业性和应用性，在职业教育中较为强调高等性，是我国教育的重要组成部分，是教育发展的一种类型。

2. 高等职业教育类型化发展

类型是具有共同特征事物所形成的种类，"化"是指转变成某种性质或状态，也指大规模的实践，如"现代化""城市化"等。在复杂系统中，决定"自身"属性的往往非是"自身"，而是该系统中由巨量要素所构建的网络间"关系"。[②] 从单一走向多元的社会变迁推动教育类型从单一走向多样，教育类型从层次上可分为学前教育、初等教育、中等教育、高等教育，从方式上可分为家庭教育、学校教育和社会教育。并非自发设计，高等职

---

① 潘懋元. 中国高等教育大众化的结构与体系 [M]. 广州：广东高等教育出版社，2009：79-80.

② 路宝利，缪红娟. 职业教育"类型教育"诠解：质的规定性及其超越 [J]. 职业技术教育，2019（10）：6.

业教育类型化发展是经济社会发展成熟和深入的必然产物，多样性与分化是类型化发展的基础。因此，高等职业教育类型化发展所指的是，高等职业教育在做好自身定位的基础上，通过实践走出一条符合国情、具有特色的发展道路，在社会各领域全面推广高等职业教育的类型观念、方法和经验。

3. 高等职业教育类型化发展的脉络与现状

美国教育学家克拉克·克尔（Clark Kerr）曾经提出，现实扎根在历史逻辑之中。[①]梳理高等职业教育类型化发展的历史背景，可以更好地理解高等职业教育的存在和发展状况。分析高等职业教育类型化发展的实践现状，探索当前高等职业教育的宏观现实环境，更能了解高等职业教育类型化发展的现有优势与现存不足，从而发挥自身所长、弥补自身短板。

（1）历史脉络

①高等职业教育地位确立阶段：类型化发展的萌芽（1978—1998 年）

改革开放以来，为了满足经济建设与教育发展的需要，我国高等职业教育在相关政策支持下得到发展。1980 年创办于南京的金陵职业大学是我国第一所职业大学，此后，全国各地由中心城市举办的短期职业大学累计达 126 所。短期职业大学是中国最早的高等职业学校，标志着中国最早的高等职业教育的诞生，尽管在管理体制上有所创新，短期职业大学的办学条件简陋，且仍将培养方法选择为学科型，并未能够彰显其类型化特色。1985 年颁布的《中共中央关于教育体制改革的决定》提出了"高中毕业生一部分升入普通大学，一部分接受高等职业技术教育"[②]以及"积极发展高等职业技术院校"[③]，从政策层面上，我国首次提出了"高等职业教育"的概念，高等职业教育自此获得正式认同。此后，1991 年国务院印发的《关于大力发展职业技术教育的决定》（国发〔1991〕55 号）对高等职业教育的战略地位与战略作用表现出了高度重视，提出要积极推进现有职业大学的改革，努力办好一批培养技艺性强的高级操作人员的高等职业学校。1993 年颁布的《中国教育改革和发展纲要》提出，各地要积极发展多样化的高中后教育，对未升入高等学校的普通高中毕业生进行职业技术培训。

① ［美］克拉克·克尔. 大学之用（第五版）[M]. 北京：北京大学出版社，2008：4.

② 中共中央文献研究室编. 十二大以来重要文献选编（中）[M]. 北京：人民出版社，1986:729.

③ 中共中央文献研究室编. 十二大以来重要文献选编（中）[M]. 北京：人民出版社，1986:729.

1994年国务院印发的《关于〈中国教育改革和发展纲要〉的实施意见》提出，通过改革现有高等专科学校、职业大学和成人高校以及举办灵活多样的高等职业班等途径，积极发展高等职业教育。1994年，全国教育工作会议提出"三改一补"发展高等职业教育的方针，重点抓好各类学校改革，通过改革，真正办出高等职业教育的特色。1996年《中华人民共和国职业教育法》正式实施，首次通过法律认可高等职业教育的地位。1998年颁布实施的《中华人民共和国高等教育法》第六十八条指出：本法所称高等学校是指大学、独立设置的学院和高等专科学校，其中包括高等职业学校和成人高等学校，从法律层面再次阐明了高职教育的双重属性。在这一阶段，高职教育已经实现了从无到有的转变，政府开始以法律文件的形式为高等职业教育提供发展环境保障，并开始对高等职业教育进行宏观上的统筹管理。尽管还存在着办学条件有限、类型化特色不明显等问题，但毋庸置疑的是，这一阶段高等职业教育地位的正式确立为今后发展奠定了基础，具有重要意义。

②高等职业教育规模扩张阶段：类型化发展的产生（1999—2004年）

1999年，教育部和原国家计委决定在普通高等教育年度招生计划中，安排10万人专门用于部分省（市）试行与现行办法不同的管理模式和运行机制举办高等职业技术教育，这一举措标志着高等职业教育进入了规模快速扩张的新阶段。[①]1999年6月，《中共中央国务院关于深化教育改革全面推进素质教育的决定》（中发〔1999〕9号）提出，要大力发展高等职业教育，培养一大批具有必要的理论知识和较强的实践能力，生产、建设、管理、服务第一线和农村急需的专门人才。现有的职业大学、独立设置的成人高校和部分高等专科学校要通过改革、改组和改制，逐步调整为职业技术学院（或职业学院）。同年，教育部在北京召开了首届全国高职高专教学工作会议。这次会议确定，在今后一段时期，高职高专教学工作的目标和思路是以教育思想、观念改革为先导，以教学改革为核心，以教学基本建设为重点，注重提高质量，努力办出特色。[②]尽管第一次提出了

① 陈友力. 改革开放四十年中国高等职业教育政策的变迁——历史、结构与动力[J]. 教育学术月刊，2018（12）：14.

② 第一次全国高职高专教学工作会议举行_光明日报_光明网[EB/OL].（1999-11-09）[2021-08-11]. https://www.gmw.cn/01gmrb/1999-11/09/GB/GM%5E18235%5E2%5EGM2-0904.HTM.

要"办出特色",但对其层次"高等性"的强调也日益凸显,高等职业院校依然有意无意地对标普通高校。这一时期的高等职业教育"特别渴望得到外界认可,并积极证明自身归属于高等教育即第三级教育军团(tertiary education,指中等教育以上程度的各级各类教育)"①。2000 年,《教育部关于加强高职高专教育人才培养工作的意见》中提出,今后一段时期高职高专教育人才培养工作的基本思路是:以教育思想、观念改革为先导,以教学改革为核心,以教学基本建设为重点,注重提高质量,努力办出特色。②"办出特色"又一次被提上政策。我国分别于 2002 年、2003 年、2004 年召开了全国高职高专教育产学研结合经验交流会,确立了"以服务为宗旨"的高等职业教育发展。我国高等职业教育真正实现了从无到有,从少到多,从小到大的跨越性改变。2004 年《教育部关于以就业为导向深化高等职业教育改革的若干意见》提出进一步促进高等职业教育改革的深入开展,对高等职业教育特色发展起到了基础性作用,高职院校开始在规范办学基础上开始探索特色发展之路。这一时期出台的政策中心逐渐下移,开始关注高等职业教育专业设置规范、人才培养标准、教学工作思路、教学水平评估等方面,为避免高等职业教育成为本科教育的"压缩饼干"提供了建设思路,起到了导向作用。

③高等职业教育质量提升阶段:类型化发展的探索(2005-2013 年)

2005 年,《国务院关于大力发展职业教育的决定》出台,其中提出职业教育规模进一步扩大,服务经济社会的能力明显增强。然而,从整体上看来,在我国教育事业中职业教育依然属于薄弱环节,办学条件差、发展不平衡、投入力度不足等问题依然存在,人才培养的结构、规模、质量以及办学机制也还未能适应经济社会发展的需要。高等职业教育改革已被提上重要议程,表明高等职业教育已正式进入质量提升的内涵式发展阶段,并且开始了类型化发展的探索。2006 年《教育部关于全面提高高等职业教

---

① 匡瑛. 高等职业教育的"高等性"之惑及其当代破解 [J]. 华东师范大学学报(教育科学版),2020(01):14.

② 关于印发《教育部关于加强高职高专教育人才培养工作的意见》的通知 - 中华人民共和国教育部政府门户网站 [EB/OL]. (2010-07-29) [2021-08-11]. http://www.moe.gov.cn/s78/A08/tongzhi/201007/t20100729_124842. html.

育教学质量的若干意见》为全面提高高等职业教育的教学质量提出了九个方面的指导意见。与此同时，教育部和财政部还提出正式启动"国家示范性高等职业院校建设计划"，以期发挥"示范校"的模范作用，促进高等职业教育加快改革发展，逐步形成结构合理、功能完善、质量优良的高等职业教育体系。此后，各地积极参与"示范校"建设，促进高职院校探索自身优势与特色的发挥路径，建设工作顺利如期完成。实践证明，"示范校"建设对高等职业教育的改革与发展起到了决定性作用。2010年，《教育部 财政部关于进一步推进"国家示范性高等职业院校建设计划"实施工作的通知》提出新增100所左右骨干高职建设院校，这既是对前期"示范校"建设成果的肯定与延续，也是再次推动高等职业教育质量提升的重要举措。2012年，由独立第三方机构编制的《高等职业教育人才培养质量年度报告》（后更名为《高等职业教育质量年度报告》）在社会首次发布，为各界了解高等职业教育质量发展状况提供了有力参考，此后亦取得了官方认可。开展第三方评价有助于职业教育质量评价体系与反馈机制的完整构建，对推进政府教育行政部门的职能转变、激发院校内部自我约束与发展能力的动态平衡有着积极作用。[1]《高等职业教育质量年度报告》的产生与顺利发展，表现出各方主体对高等职业教育质量的重视与期待。在此阶段，政府不断加强对高等教育的重视力度，并尝试通过示范引领项目促进高职院校的建设，逐渐在改革发展的过程中顺应高等职业教育的发展规律，高等职业教育开始从规模发展转向内涵发展。但"示范校"建设在一定程度上是对本科教育"211工程"的借鉴模仿，并未完全根据高等职业教育的自身特征进行优化改良，由此也造成了高职院校的两级分化现象以及区域之间的发展失衡。

④高等职业教育做强做优阶段：类型化发展的深化（2014年至今）

在2014年全国职业教育工作会议上，就加快发展职业教育问题，习近平总书记作出了重要指示，提出要努力建设中国特色职业教育体系。[2]《国务院

---

[1] 李梦卿，刘晶晶，刘占山. 职业教育第三方评价的价值原旨、需求功能与趋势常态——基于2017年福建省职业教育教学成果奖评审的思考[J]. 教育发展研究，2018（11）：34.

[2] 习近平就加快发展职业教育作出重要指示：弘扬劳动光荣技能宝贵创造伟大的时代风尚[N]. 光明日报，2014-06-24.

关于加快发展现代职业教育的决定》（国发〔2014〕19》号）提出要形成具有中国特色、世界水平的现代职业教育体系，形成定位清晰、科学合理的职业教育层次结构。同年，国家还首次设置了职业教育国家级教学成果奖，这一举措能够推进政府教育行政部门的职能转变，加大高职院校的激励价值，促进高职院校的自我约束与发展能力。2015年，《教育部关于印发〈高等职业教育创新发展行动计划（2015—2018年）的通知〉》提出要坚持以示范建设引领发展，鼓励支持地方建设一批办学定位准确、专业特色鲜明、社会服务能力强、综合办学水平领先、与地方经济社会发展需要契合度高、行业优势突出的优质专科高等职业院校，标志着"优质校"建设拉开序幕，计划引领和项目驱动也逐渐成为我国高等职业教育发展的制度逻辑。2019年《国家职业教育改革实施方案》明确提出，职业教育与普通教育是两种不同教育类型，具有同等重要地位，要求职业教育向类型教育转变。为了加快《国家职业教育改革实施方案》的落实，国家正式启动了中国特色高水平高职学校和专业建设计划（以下称"双高计划"），高等职业教育迈入全新的"双高计划"阶段。"双高计划"与"示范校""优质校"的建设思路基本相同，仍是通过重点支持一批高职院校和专业群率先发展，从而引领职业教育融入区域发展、促进产业升级、服务国家战略。但在"双高计划"阶段，更加强调坚持中国特色的彰显，更加明确以类型化发展为高等职业教育的改革走向。2019年，李克强在政府工作报告中首次提出2019年大规模扩招100万人。李克强在政府工作报告中又一次提出，今明两年高职院校扩招200万人。连续实施"百万扩招"这项具有深意的战略安排，明确将范围指向高等职业教育，既是高等职业教育被国家认可与期待的体现，也是高等职业教育自身服务能力提升、类型教育特征彰显的表现。高等职业教育在当下已被国家放在了更为突出的位置，各项政策与举措的出台都注重于巩固类型特色、鼓励类型化发展，要求高等职业教育体现中国特色、贡献中国智慧、助力中国发展。

（2）实践现状

①宏观环境分析——基于PEST分析模型

A. 政策法律环境（Political Factors）

PEST模型是指对宏观环境的分析，是一种用来检阅企业或者产业外部宏观环境的战略分析工具，其中，P是政治（politics），E是经济（economy），

S 是社会（society），T 是技术（technology）。在高等职业教育历史发展的进程中，教育政策的推动和导向作用举足轻重。在政策话语体系中，官方的价值判断与资源配置倾向体现在对于不同事物的言说上，而政策文本中所出现的高频关注点也正是实践领域践行的不足之处。我国的教育政策话语日益体现出了对高等职业教育质量发展的关注，为高等职业教育质量发展所提供的资源配置也趋于优化，这是高等职业教育质量发展这一议程价值提升的体现，亦是对高等职业教育质量发展现状的一种完善与补偿。① 随着建设进程的不断推进，我国高等职业教育如今已成为中国特色社会主义教育事业的重要组成部分，政府出台教育政策的侧重点也逐渐从建设基础设施、扩大招生规模转向高等职业教育的类型化发展。

我国当前与高等职业教育相关的教育政策覆盖面愈发广泛，《中国教育现代化 2035》《国家职业教育改革实施方案》《建设产教融合型企业实施办法》等一系列文件的出台，对高等职业教育的办学层次与办学定位、师资队伍建设、人才培养质量、人才培养模式、课程建设与改革等方面均有涉及。中央与地方政府提供了多项政策扶持以支撑高等职业教育类型化发展，为其创造了良好的发展空间，例如，"双高计划"② 为了进一步扩大院校办学的自主权，建立健全改革创新容错纠错机制，鼓励高职学校大胆试、大胆闯。为高等职业教育提供"中国方案"是应时之需与战略之需，但目前我国高等职业教育与发达国家相比仍存在一定差距，依然存在一些诸如高职院校办学特色与其对区域经济服务能力不平衡的问题与矛盾亟待解决。同时，随着高等职业教育改革发展的愈发深入，逐渐暴露了过去隐藏的各类问题与矛盾，这亦需要政府能够出台相应政策有效应对，从而促进高等职业教育的健康快速发展。高等职业教育政策法律环境不断优化对扎根中

① 陈佩云. 逻辑、内涵、趋势：我国高等职业教育质量发展的嬗变 [J]. 高等职业教育（天津职业大学学报），2020（03）：23.

② 2019 年 4 月，《关于实施中国特色高水平高职学校和专业建设计划的意见》的出台标志着"双高计划"的正式启动，教育部、财政部也于 2019 年 12 月公布了《中国特色高水平高职学校和专业建设计划建设单位名单》。我国高等职业教育的发展与改革进入了"双高计划"时代，"双高计划"旨在集中力量建设一批"引领改革、支撑发展、中国特色、世界水平"的高职院校和专业群，是为了推动我国高等职业教育持续深化改革、实现高质量发展实施的又一重点建设工程，亦是为了实现我国教育现代化的必然选择和重大决策。——笔者注

国大地办中国特色高等职业教育提出了更高的要求，高等职业教育需要彰显类型化特征来予以回应。

B. 经济环境（Economic Factors）

实践表明，高等职业教育在"一带一路"倡议、精准扶贫政策等的顺利实施中发挥了重要作用，高等教育能够有效地促进经济社会发展，经济社会的发展水平也在一定程度上决定了高等职业教育的发展层次，随着经济社会的持续深入发展，对高等职业教育的社会服务能力、技术技能人才培养质量提出了更高的要求。国家统计局于2020年年初公布的数据显示，2019年，规模以上工业战略性新兴产业增加值、规模以上工业高技术制造业增加值分别快于全部规模以上工业增加值增速2.7%和2.1%，规模以上战略性新兴服务业、高技术服务业和科技服务业营业收入增速分别快于全部规模以上服务业营业收入增速3.0、2.6和2.6个百分点，全国网上零售额占社会消费品零售总额比重比上年提高2.3个百分点。[①]我国正处于经济社会转型升级与产业结构调整的关键时期，新产业、新业态、新商业模式的发展势头稳中向好，发展动能也在持续增强。高等职业教育培养的技术技能人才不仅需要具备与岗位匹配的专业知识和技术技能，科研、管理、服务等更多方面的能力也逐渐受到行业企业的重视，高等职业教育需要将供给侧与经济社会发展需求侧全方位融合，发挥自身优势，进一步提升产教融合、校企合作的力度、深度与高度。

近年来，伴随着各项相关政策的出台，政府对高等职业教育的投入逐步增加，资金配置方式也在逐步优化。例如，浙江省为了有效发挥省级财政资金的引导作用，在省级补助资金分配时尤为注重支持"教育发展专项"中"名专业"的发展，将分配资金与"名专业"的学生规模、专业类别密切挂钩，还在专业设置上优先倾斜于浙江省八大万亿产业和数字经济等战略新兴产业。与此同时，我国政府也在鼓励高等职业教育拓宽多元融资渠道，例如《关于实施中国特色高水平高职学校和专业建设计划的意见》中提出，项目学校要以服务求发展，积极筹措社会资源，增强自我造血功能，为高职院校主动筹措资源提供了鼓励。高等职业教育的经费配置对高职院校及

---

① 赵同录. 经济持续平稳增长 发展质量继续提升 [N]. 中国信息报，2020-01-20（001）.

其内部主体的行为有着重要影响,同时也会影响高职院校建设的战略选择。当前,高等职业教育在经费投入上呈现增长趋势,在经费筹措上呈现多元化趋势。但高等职业教育依然存在教育经费分配结构不合理、不均衡等问题,需要高职院校拓宽融资渠道、促进自身建设,打破传统拨款模式的壁垒。

C. 社会文化环境(Sociocultural Factors)

美国学者劳伦斯·哈里森(Lawrence E.Harrison)等认为,文化价值观和态度既可以阻碍进步也可以促进进步,但是政府和发展机构往往会忽视它们的作用。[①]美国的社会文化背景与其高等职业教育的产生与发展密切相关,高等职业教育的发展模式受到自由平等、实用主义、个人主义等多种文化因素的影响,社区学院彰显出进出自由、教学内容多元化的特征。我国高等职业教育的发展路径也与我国的社会文化环境具有紧密的联系。自古以来,我国就具有如以知行合一、敬业乐业、德艺并举为内涵的“工匠精神”等优良传统文化,这亦是当下的时代诉求与高等职业教育人才培养的价值向度。我国政府的执行能力强,因此,我国一直以来走的都是权威性政府治理模式,改革与发展都是通过中央政府、地方政府自上而下主导实施的。当前我国高等职业教育的发展坚持的亦是政府主导原则,高等职业教育通过政府的支持与引导,在短时间内取得了顺利发展。同时,坚持循序渐进式的改革与发展路线,高等职业教育还具有普惠性、公益性等价值取向,皆是我国社会文化的体现。

尽管高等职业教育在办学实力、服务社会贡献力、国际影响力等方面获得了大幅度的提升,但目前还未完全获得社会的高度认同,高等职业教育仍被很多人视为“次等教育”,这也是由我国传统的社会文化环境造成的。虽然高等职业教育为众多高考不理想的学生提供了进入大学的机会,其培养的技术技能人才在就业后隶属于社会中的“蓝领阶层”,但高职院校毕业生在就业后的社会地位与待遇与其他本科院校毕业生还存在一定的差异,高等职业教育符号资本转化而成的经济资本也远不及普通本科符号资本转化而成的经济资本。在学历本位的教育环境之下,重研究型人才、轻技能型人才以及社会分类、社会比较的现象依然存在,我国社会中传统的官本

---

① [美]塞缪尔·亨廷顿,劳伦斯·哈里森. 文化的重要作用——价值观如何影响人类进步[M]. 程克雄,译. 北京:新华出版社,2002:24.

位思想以及社会攀比心理也在一定程度上影响了高等职业教育的社会认同。凡此种种，众多原因共同作用的结果使高等职业教育陷入了尴尬境地。在高等教育生态链中，无论是基于院校等级的"垂直分类"，还是基于院校类型的"横向分类"，高职院校都被视为生态链的末端，但这些问题正在随着高等职业教育类型化发展所彰显的类型特色而逐渐消解。

D. 技术环境（Technological Factors）

教育部于 2018 年印发的《教育信息化 2.0 行动计划》中提出，信息技术对教育的革命性影响已初步显现，但与新时代的要求仍存在较大差距，以教育信息化支撑引领教育现代化，是新时代我国教育改革发展的战略选择，对于构建教育强国和人力资源强国具有重要意义。教育信息化是在"互联网 +"、云计算、大数据、人工智能背景下教育发展的显著特征，是实现教育现代化、教育变革的必由之路。现代信息技术所引发的数字化浪潮和数字革命已然到来，信息技术正在大范围的被推广应用，涉及人类生活的方方面面，对高等职业教育的教学、科研、实训、管理等方面也产生了越来越大的影响。目前，高等职业教育的信息化基础设施、信息资源体系工程建设、管理信息系统的建设与应用、教育信息化管理队伍建设皆初见成效。教育信息化已深刻影响到高等职业教育的教学内容与教学组织方式、学校与社会的联系方式以及高职院校的生存环境，在信息技术的冲击下，需要高等职业教育主动利用教育信息化提供的良好发展机遇，实现自身的改革与发展。

以信息化引领高等职业教育现代化的历史重任已切实出现在社会之中，信息技术的推广与应用给高等职业教育的教学、科研、实训、管理、服务等众多方面带来了越来越大的影响，信息技术为高等职业教育提供机遇的同时也给高等职业教育带来挑战。随着信息技术的迅速发展、传统产业的转型升级，人工智能大量上岗，传统工人的工作环境、工作内容、技术含量已被完全改变，不仅在一定程度上对传统低技能岗位产生了冲击，也对劳动者的技术技能积累与创新意识等综合能力提出了更高的要求，社会对高水平技术技能人才的需求愈发旺盛。倘若劳动者只具备简单操作技能，不具备从事高技能工作的能力，不进行技术技能积累与创新则会进一步加大结构性就业矛盾。因此，信息技术的发展要求高等职业教育的课程目标能够体现信息社会对人才培养的根本需求，课程内容能够体现信息社会的发展特点，教学模式与学习方式能够顺应信息技术创新要求，同时还应提升教育信息化背景下校企资源的建设与共享水平。

②内部环境分析——基于"双高计划"建设案例

A. 目标定位

扎根中国大地，创办具有中国特色的高等职业教育，是建设高水平高职院校的精神内核和发展基石，也是向世界提供"中国方案"的应然追求和重要使命。①"双高计划"的实施表明高等职业教育已进入增质提效新阶段，标志着高等职业教育的职能、理念、战略等多方面的转变。在"双高计划"背景下，高职院校做好自身目标定位，既能够对优化自身建设起到基础性作用，也有助于高等职业教育的类型化发展。正如被誉为"定位之父"的美国营销战略家杰克·特劳特（Jack Trout）及艾·里斯（AL Ries）所说，定位的基本方法是去操控心智中已经存在的认知、重组已经存在的关联认知，而不是去创造某种新的、不同的事物。②"双高计划"建设名单中的高职院校大多有具有清晰的目标定位认知，对自身的发展路径、在社会中的作用发挥等方面都有明确的规划。具体表现为：一是注重彰显高等职业教育产教融合、校企合作、培养技术技能人才的类型特征。例如，南京信息职业技术学院构建了学校、地方政府、产业园区、行业龙头企业互相协作、资源整合协同育人体系，与华为、新华三、中兴、数梦工场、埃斯顿、阿里巴巴、百度、吉利和CQC等行业龙头企业共建产业学院，将人才培养全过程与核心优质技术和资源全面融合。二是与区域经济社会发展紧密结合。例如，深圳职业技术学院在始终坚持为党和国家服务、为深圳经济社会发展服务、为学生健康成长成才服务的宗旨下，致力于率先建成中国特色、世界一流职业院校，为世界职业教育发展提供"深圳模式"，不断为成为职业教育创新发展的先行者、复合式创新型高素质技术技能人才与企业家的摇篮、深圳中小微企业技术研发中心、深圳市民终身教育学校与中国职

①　李梦卿，邢晓．"双高计划"背景下高等职业教育人才培养方案重构研究 [J]．现代教育管理，2020（01）：107.

②　[美]艾·里斯，杰克·特劳特．定位：有史以来对美国营销影响最大的观念[M]．谢伟山，苑爱冬，译．北京：机械工业出版社，2011：8.

业教育师资培训重要基地而付出努力。三是致力于提供优质社会服务。例如日照职业技术学院依托日照社区大学，在市区建设了8个社区读书站和社区教育基地，图书馆、文体设施和78门课程免费向市民开放，年开展公益服务2万余人次。学校先后与政府部门、行业组织共建了21个国家、省、市级技能鉴定中心与培训考核基地，其中包括旅游商品开发培训中心、二级渔业船员培训中心、退役军人就业创业培训基地、交通行业特种工职业技能鉴定、建筑特种工培训考核基地等，通过长短期职业技能培训和鉴定站，学校的年培训及鉴定人次已达2万余人。四是积极探索国际化发展路径。例如，浙江金融职业学院除了稳步发展留学生教育外，还聘请了捷克前总理伊日·帕鲁贝克、捷克科学院全球研究中心主任马雷克·赫鲁贝茨担任特聘教授，柔性引进了4名中东欧研究领域专家，成立了捷克研究中心，成了教育部备案登记的国别和区域研究中心、浙江省"一带一路"智库合作联盟[①]单位、浙江省"一带一路"新型智库培育单位、中国 – 中东欧国家智库交流与合作网络理事单位。

B. 规章制度

制度问题可以说是高等职业教育治理体系的现代化的根本问题，因此推进制度的现代化便是实现职业教育治理体系现代化的前提条件与本质要求。[②]高职院校是一种社会组织，为了实现高等职业教育培养技术技能人才以及服务区域经济发展等目标，需要相应规章制度的制定来规范高职院校的办学行为。我国高等职业教育从真正意义上的发展至今仅三十余年，由于发展历史较短、发展经验不足等原因，依然存在着高职院校管理科学化、规范化水平不高、管理活动无规可依等现象。但从总体上来看，高职院校的规章制度正在逐步从单一走向多元、从封闭走向开放、从管制走向共治。高职院校的内部治理结构改革、现代高职院校制度构建之路一直在进行之中，"双高计划"建设院校的实践案例对此有所证明。在高职院校的规章制度建设上，"双高计划"建设院校具体表现为：一是学校机构设置科学

① 浙江省发展规划研究院发起浙江"一带一路"智库合作联盟 [J]. 中国工程咨询，2018（08）：92.

② 庄西真，郝天聪. 现代职业教育：体系、治理与转换 [M]. 南京：江苏凤凰教育出版社，2017：110.

合理。如烟台职业学院在教学单位设置上，除了有机械工程系、电气与电子工程系等专业院系外，还设有基础教学部、德育教学部。烟台广播电视大学在行政机构设置上有办公室、监督审计室、组织人事处、校企合作办公室、质量管理办公室等。二是学校章程、制度管理文件详细健全。例如，长春职业技术学院的学院章程包括总则、内部管理体制、办学活动、教职员工、学生与学员、财务资产管理与后勤服务、举办者与学校、文化传承与创新、附则等九个章节，每个章节内容也有所细化，覆盖学校日常管理的各项细节。黄冈职业技术学院近年来每年都会出版《内部质量保证体系自我诊改报告》以及《人才培养工作状态数据分析报告》，同时还制定了《黄冈职业技术学院内部质量保证体系建设与运行实施方案》《黄冈职业技术学院正在实施的专业建设规划》《黄冈职业技术学院信息化建设规划方案》等管理制度文件。三是院校内各主体权责分明。例如，黄河水利职业技术学院将管理机构划分为党群组织和行政部门两个部分，党群组织中包括党政办公室、纪委、学生工作部等机构，行政部门中又包括校长办公室、人事处、对外联络与合作处等部门。每个部门内部也有详细的机构划分，如隶属学校行政部门的创新创业学院，其中又分为创新创业教研室、创新创业实践中心、创新创业发展中心，从整体的规划与设计到细化落实，每个机构应负责的工作都有着明确详细的规定。

C. 体制机制

体制是实现组织管理的结构形式，机制是组织管理体制运行的功能化表现。体制与机制既相互联系又有一定区别，机制依赖于体制实现形成与变化，体制的有效性也需依托机制来运行保障，体制构建的差异会导致机制的构成要素及其之间功能作用的差异。高职院校的持续健康发展依赖于一套健全科学的体制机制的保障，早在2010年，《国家中长期教育改革和发展规划纲要（2010—2020年）》就提出了要探索建立高等学校理事会或董事会，健全社会支持和监督学校发展的长效机制。在"双高计划"背景下，高职院校的体制机制改革是其进一步释放办学活力的重要举措之一，"双高计划"建设院校率先在体制机制上进行了一些重要尝试，也凝结了一些经验，其中的共性表现为：一是高度重视体制机制的改革与创新。例如，杭州职业技术学院在总结固化国家骨干校建设成果的基础上，以创新为引领，以体制机制改革为抓手，以提质增效为基调，以产教融合为主线，全面推进学校内涵建设，力争把学院建设成为"国内一流、国际上有一定影响力"的优质高职院校，打造地方高职发展新样本。二是具有良好的产教融合机制。例如，广东轻工职业技术学院构建并不断完善"政校行企"协同促进产教融合长效机制，围绕高水平专业群建设，打造"一群一院一联盟"，搭建了广东轻工职教集团、轻工行业应用技术协同创新发展中心、南海职业教育"政校行企"协同创新联盟、广东省工业互联网产教联盟、粤港澳数字创意产教联盟等机构，与华为等世界 500 强知名企业合作成立了华为 ICT 学院、瀚蓝环境学院、白天鹅学院等 10 个产业学院，实现了校企精准对接，产教深度融合，精准育人。三是具有良好的多元协同参与机制。例如，淄博职业学院作为山东省校企合作一体化办学示范校，学校牵头成立了山东省骨干职教集团——淄博职业教育集团，同时还积极吸纳了驻地行政部门、行业协会、重点产业领域的企业以及众多高校参与其中，建立了科技创新与技术服务等 4 个工作委员会、机械设计制造与机电设备等 18个专业（群）建设分会，使政校行企四方信息有效实现了互通互联，各方的合作形式从简单的解决用工需求，逐步丰富为专业共建、合作办学招生、技术服务、课程教材开发、现代学徒制、员工培训等多个层面。四是具有完备的质量保障机制。例如，杨凌职业技术学院每年都会以学校的实际数据为主要依据，结合麦可思的第三方评价数据，开展深入的数据分析，形成《杨凌职业技术学院高等职业教育年度质量报告》，报告涉及学院概况、学生发展、教学改革、培养结果质量、国际合作、政策保障、服务贡献、面临挑战等八个部分。

　　D. 人才培养

　　高等职业教育质量发展的直接目的是完善高等职业教育，促进高等职业教育健康发展，形成高等职业教育的教育发展与社会发展的良性互动。教育从本质上来说是一种培养人的社会活动，高职院校的教学质量的提升、教师的教学水平的提高、产教融合基地的建设等发展成果从根本上来说都是为人才培养服务的。与社会的互动亦是以人才为中介，社会为高等职业教育提供的种种资源最终会通过人才培养施加与回馈。立德树人是教育的根本任务，高职院校的人才培养工作也是重中之重。"双高计划"建设院校人才培养工作的成功经验有：一是具有完善、科学、合理的人才培养方案。如辽宁省交通高等专科学校坚持社会主义办学方向，落实立德树人根本任务，确立了"政治坚定、素质优良、技术过硬、身心健康"的人才培养标准，形成了"德技并修、产教融合"的人才培养模式，同时还不断深化校企合作、工学结合，推进 1+X 证书制度，毕业生就业率始终保持在 98% 以上，用人单位满意度 95% 以上。二是专业设置贴近自身特色与产业需求。例如，北京财贸职业学院精准对接北京市高端商务、商业、文化旅游业发展，开设了财经、商贸、旅游、文化创意、建筑管理等领域的 27 个专业，其中智慧财经、现代商旅服务是中国特色高水平高职院校骨干专业（群），金融科技、智慧会计是北京市特色高水平骨干专业（群），连锁经营管理、物流管理和导游是国家级示范专业。同时，该校还主动适应产业转型升级，实施专业升级改造计划，开展专业核心竞争力评价，形成专业动态调整机制。三是重视课程教学改革。例如，广州番禺职业技术学院将质量、规模、效益的协调发展作为其内涵式发展的目标，不断对质量意识加以强化，积极探索教学改革之路，坚持以学生为主体，以教师为主导，培养学生的职业能力和创新精神。自 2001 年起，该校共有 66 项教学成果获得国家、省、市教学成果奖。除此之外，截至目前，学校还设有 17 门国家级精品课程以及 25 门省级精品课程；14 门国家级精品资源共享课程、31 门省级精品开放（建设）课程、11 门省级精品在线开放（建设）课程。

E. 师资队伍

教师历来是彰显高校办学资源、影响办学质量的重要主体。师资队伍是高等职业教育发展的战略性资源，也是高等职业教育改革的重要支点。2018 年 5 月 2 日，习近平在北京大学考察时指出："建设高素质教师队伍。人才培养，关键在教师。"[1] 推进师资队伍建设是当下高等职业教育领域改革的常态化举措，建成一支师德高尚、技艺精湛、专兼结合、充满活力的高素质"双师型"教师队伍是当前高等职业教育发展面临的迫切任务。自高等职业教育发展以来，我国高等职业教育师资队伍建设成效显著，"双师型"教师规模正逐渐扩大，教师素质也在持续提升。"双高计划"建设

---

[1] 习近平在北京大学考察时强调：抓住培养社会主义建设者和接班人根本任务 努力建设中国特色世界一流大学 [N]. 人民日报，2018-05-03.

院校都极为注重师资队伍建设，具体表现为：一是师资队伍结构合理。如温州职业技术学院坚持人才强校，在现任专职教师 510 余人中，具有高级职称的超过 40%，"双师型"教师占比高过 90%。如国家教学名师、国家"万人计划"领军人才等国家级、省市级人才超过了 170 人，省专业带头人 30 人。除此之外，还配有 1 个国家级"双师"培训基地、7 个省市级师资团队、7 个省市级技能大师工作室。学校的电气自动化技术专业教学团队也成功入选首批国家级教师教学创新团队，科研竞争力名列全国高职院校前五。二是重视高水平人才的引进。例如，山东商业职业技术学院积极出台政策、制定制度，引进高层次人才，在 2020 年招聘工作中招聘博士 64 人，专业（群）带头人 9 人；同时还通过修订高层次人才引进政策，实行特聘岗位年薪制、协议工资，制定考核实施办法等措施，加强高层次人才引进，落实高层次人才待遇保障，规范高级人才管理和评估；并于 2019 年建立了院士工作站和泰山学者工作站，以这两个工作站为平台，打造多个科学研究水平高、技术研发能力强的科研团队。三是大力实施教师培养培训计划。如在教师培养培训上，金华职业技术学院为了全面提高师风师德建设质量，积极对标新时代"四有"教师标准。学校构建了一系列教师职业发展培养培训的项目体系以提升师资力量的水平，打造了多种多样的产教融合高端平台以加强教师与行业企业的融合，还启动了人事体制机制的全方位改革，建立了独有的"4+X"教师能力考评机制。项目、平台以及考评机制的三方发力，使金华职业技术学院形成了教师培养项目的新体系、教师职业发展的新生态、教师能力考评的新机制，培育出一支高水平的"双师型"教师队伍。

二、产教科融合

高职教育是我国高等教育的重要组成部分。改革开放四十余年来，高等职业教育事业获得了长足的发展，实践发现，在产教融合的基础上，融入科技与创新要素，深化产教科融合，教育链、科技连、创新链与产业链无缝对接，人才链与市场链有机衔接，人才供给侧与产业需求侧高度契合，较好地解决了"不畅""不顺"和"不高"问题，站在新时代"再出发"节点，对推进高职办学水平高质量发展具有积极意义。

（一）产教融合的内涵

产教融合第一次被明确提出于 1995 年江苏无锡技工学校的教学改革方案与人才培养模式中。此教学改革方案与人才培养模式提出："千方百计寻求与生产实习紧密结合的产品，以提高学生的产教融合的水平意识、产品意识、时间观念及动手能力。"① 虽然此处的"产"与"教"仅分别指代产品和生产实习教学，与当下所言的"产"（产业行业）与"教"（教育）相比较，存在着较大的范围落差，但由于此种提法具有较强的前瞻性，很快成为期刊杂志的热门词汇。在 2013 年印发的《中共中央关于全面深化改革若干重大问题的决定》中"产教融合"获得了"官方认可"。

"产"与"教"虽是产教融合中的核心成员，但政府等治理主体地位也不容忽视。当前，产教融合是指职业院校、行业、企业、政府等参与方通过产学研深层次合作，提升职业院校人才培养水平与服务区域经济能力，从而实现各参与方浑然一体的办学模式。需注意的是，产教融合并非是校企合作的"升级版"，两者既有相同点又有差异之处。相同点体现在产教融合与校企合作都是一种教育理念也是一种人才培养模式，强调学校与企业密切合作，协同育人。② 不同点体现在前者是结果，聚焦管理体制的变革，即通过稳定、高效、深层次的合作关系，③ 最终使行业企业与高职院校发展成为人才供需共同体；后者是手段，强调办学模式的改革，注重的是人才实用性与实效性，其合作的深度与广度有限。

由于目前学界对此都没有明确的定义，许多学者也对产教融合提出了自己的理解并尝试进行概念的厘定，虽众说纷纭但也有共同的地方，即都认为无论从合作主体、合作程度等角度来看，产教融合都不能和校企结合、校企合作等同。产教融合强调的是产业系统和教育系统的融合，所包含的不仅仅是学校和企业主体，甚至政府、行业协会等都可被认为是产教融合的主体，突破了学校为主、企业为辅的传统合作模式，强调企业的主体育人地位的确立和发挥多方合力的作用协同推进育人取得最大的成效。总的来说，产教融合是国家立足于新时代的发展背景所提出的有利于提升人才

① 黄艳. 产教融合的研究与实践 [M]. 北京：北京理工大学出版社，2019：1.
② 贺星岳. 现代高职的产教融合范式 [M]. 杭州：浙江大学出版社，2015：3.
③ 黄艳. 产教融合的研究与实践 [M]. 北京：北京理工大学出版社，2019：2.

培养质量的有效途径，深化产教融合也是促进教育链、人才链、产业链、创新链四链有效对接的有效途径。

由于职业教育的培养目标和所肩负的使命与产教融合有一种天然的紧密联系，职业教育的发展离不开社会力量的支持，更加离不开与企业的合作与推动。纵观职业教育的发展史，其实就是一部从开始与企业合作到后来融入更多社会力量的产教融合、校企合作的发展史。职业教育与其他类型教育相比，最具特色的外在表征就是产教融合、校企合作，因此，高职教育的发展史也可理解为是一部产教融合的发展史。21 世纪高职教育产教融合所培养的人才已经不局限于对某一个工作岗位，由于信息化、智能化的推动不得不培养面向整个产业链、产业岗位群的技术技能人才，乃至于能胜任转岗和再就业的技术技能人才。笔者认为高职教育产教融合是产业系统和"教育系统"的融合，融入了 21 世纪时代特点的一种发展新模式，也可以理解为一种方式、途径等，其合作形式相对以往来说更加多样化，合作程度更加深化，融入了企业、行业、政府等多方力量协同育人，以期让高职院校所培养的技术技能人才能最大限度地满足企业行业的需求，尽量做到教育链、人才链、产业链、创新链四链的有效对接。

（二）产教科融合的内涵

产教融合既是一种人才培养模式，也是一种办学模式。而产教科融合，是在产教融合的基础上发展而来，是对产教融合的丰富和深化，特指产业、教育和科技的融合。以产教科融合为依托，可以提高行业企业参与办学、实现科技创新的深度，健全多元化办学体制，加快校企协同育人进程。产业、教育和科技统筹融合，良性互动，完善需求导向的人才培养模式，提高人才供给与产业需求的匹配度，提升职业教育对经济发展和产业升级的贡献度。改革开放 40 余年，高职再出发，产教科融合是新时代高职办学模式的必然选择。以产业发展为核心、教育教学为支点、科学技术服务为动力，构建教师全覆盖、产业全渗透、教学全方位、科研齐发力的"产—教—科"耦合式发展模式，使人才培养、科学技术服务和产业发展紧密结合并形成相互支撑、相互促进的累积因果循环机制，实现产业、科技、人才的可持续发展。

（三）产教科融合理念的现代学徒制教学实践

江苏农牧科技职业学院院长朱善元认为"产教科融合是职业教育高质量发展的必由之路"[①]，要深化并扩展产教科融合的创新型技术技能人才培养模式。因此，在现代职业教育新理念下，以校企合作为根，蕴工匠精神内涵，探索产教科融合，研究实践一种适应产业发展的现代学徒制教学模式，强化实习实训，对增强职业教育适应性是具有重大意义的。

1. 产教融合强基，建构项目引领的"两段式"实践教学

产教融合是职业教育办学的基本形式，只有教学与生产相统一、理论知识学习与实践能力培养相统一、技术技能与职业精神相统一，以企业实际项目引领，强化学生基础，才能保证人才培养目标的达成和职业精神的养成。

"以学生为主体"的一段开放式理论教学——为满足项目开展需求，由带队指导教师和岗位师傅定期开展理论补充教学，在每个岗位的前期理论教学过程中，首先以"思政小课堂"的方式，布置课前思政任务，学生有针对性地搜集素材和案例，再结合专业知识进行分组学习，教学方式灵活多变，突破以课堂、教材、教师为中心的传统教学模式，以学生为主体，教师为导向，通过翻转课堂、头脑风暴、主题辩论、成果汇报等多种方式，形成学习主动性、探索求知性、行动检验性融为一体的自觉学习场景。例如，在课前布置任务让学生搜集中国航空之父冯如的事迹素材，课中进行岗位理论个性化教学，学生展示和分析思政小课堂素材、汇报项目实践工作成果、问题及进度计划，课后围绕辩题"在当时背景下，冯如是否应该回国"开展十分钟辩论赛，培养学生的思辨能力，引导学生思考"大我精神"，同时师生予以评价，从而保证了教学效果。

"以项目为导向"的二段职业技能教学——以小组为单位工作，以师带徒的方式，培养学生的职业技能和操作技巧，并采用项目式管理，与岗位师傅、指导教师一起每天制定工作计划、汇报工作情况及问题总结，"双导师"言传身教，从多方面进行实践教育。在训练职业岗位技能时，岗位

---

① 朱善元，李巨银，杨海峰等.以国家："双高计划"引领高职院校"体质赋能"的路径与举措[J].江苏高教.2020（12）：147.

师傅和指导教师共同指导、监督学生实操,如机翼某零件装配要求尺寸精确,要求学生通过计算装配尺寸链确定公差,必须把零件的加工误差控制在给定的公差范围内。通过长时间高难度的技能工作,培养学生的敬业、精益和专注精神;而指导教师在合适的时机帮助岗位师傅减轻带教压力,组织学生以典型工作案例、违规操作事故进行警惕教育,也让学生体会到职业道德、职业纪律、职业态度和职业素养的重要性,在职业岗位上会做人、会做事,实现向职业人的转变。

2. 科教融合赋能,实施多元融合的个性化实践教学

社会学习理论的创始人阿尔伯特·班杜拉(Albert Bandura)提出"人、行为、环境三元交互决定理论,既考虑了主体自身因素,又考虑了环境对主体和行为的影响"[1]。因此,实践教学中的行为养成,不能仅着眼于项目内部的工作,还要注重学生行为养成的环境和条件,必须从顶层设计,加强统筹协调,营造创新环境,在业余时间帮助学生拓宽视野、创新思维。科教融合赋予学生创新实践能力和职业综合能力,增强职业适应性。科教融合的育训方式有以下三种。

第一,赛训结合——营造比赛环境,以国家技能大赛、行业比赛为导向,整合项目生产资料,提炼技能养成关键环节,有针对性地训练,以赛促训,以训促学。

第二,创训结合——营造创新环境,以大学生创新创业训练计划项目、"互联网+"为牵引,开发基于项目、专业和行业的科研项目,以做代学,提高学生的科研能力和创新能力。

第三,展训结合——营造行业环境,以行业展会为契机,如无人机大会、通用航空博览会等,借企业项目或机型参展,学生前往参与展会会务准备和现场讲解工作,同时开拓视野,弥补学生对行业新领域、专业新技术涉猎不深的缺点,提升学生的组织协调、临场应变、沟通交流和适应行业发展等职业综合能力。

---

① BIGGS J. Individual Differences in Study Processes and the Quality of Learning Outcomes [J]. Higher Education, 1979(08): 38.

三、产教科融合过程中大学生思想政治教育的理论基础

（一）人力资本理论

美国经济学家贝克尔（Gary Stanley Becker）、舒尔茨（Theodore W. Schultz）基于经济学的研究，提出了人力资本理论，认为人力资本理论的内涵是由生产者在教育、职业培训等方面的花费与在接受教育时的机会成本等要素在内的总和。

通过系统地优化配置和有效管理人力资本内在、外在要素，提高经济效益并带动企业发展，达成组织目标。在人力资本领域，教育和培训的投资非常重要，能够有效提高社会生产，相对于物质资本更容易得到保护和评估，对经济增长的贡献更大。当前阶段，我国人力资本投资存在着投入总量不够、结构需要完善、地区差异大等制约社会生产力发展水平的问题。因此，必须加大人力资本的投入力度。作为一种主要的教育投资方式，人力资本在人才培养中具有无可替代的作用。从职业教育产教科融合的角度出发，笔者将人力资本定义为：企业花费和学校之间对学生进行教育或者培训方面的支出，这个支出成本就是人力资本。高职院校是培养技术和技能人才的重要基地，是实现人力资本增值的重要途径。

（二）利益相关者理论

美国人弗里曼（Freeman,R.Edward）最先提出了利益相关者理论，并在1984年发表了著作——被称为该理论的奠基之作的《战略管理——利益相关者管理方法》。他认为，利益相关者们与企业之间相互依赖并相互促进，因而取得了竞争优势。[①]这一理论一经提出，各领域专家学者立即展开相关研究，广泛探讨。许多学者将该理论运用于对高职院校的产教科融合人才培养研究中，认为只有准确识别高职院校产教科融合过程中的利益相关者，明确各利益相关者的利益需要和角色定位，合理分配各自的职责，才能有效提升高职院校的人才培养质量和培养效率。

政府、企业、高职院校等都是高职院校产教科融合复杂系统中的利益

---

① [美]弗里曼.战略管理——利益相关者方法 [M]. 王彦华，梁豪，译.上海：上海译文出版社，2006.

相关者，还包括教师、企业管理者、员工、学生、家长等。因此，在实施产教科融合的过程中，如何能够将各方的利益和需求平衡好，是产教融合人才培养过程中的基础问题。

在推进产教科融合的进程中，政府扮演着引导、协调和监督的角色，其主要通过相关法律法规的制定、提供资金支持、税收优惠政策等对产教融合提供积极帮助，而其效益表现在提高人力资本的质量、社会对产教科融合重视程度的提高等方面。企业作为利益相关主体之一，要积极地参与到产教科融合人才培养的全过程，提升参与度和效能感。如共制人才培养方案、共建实训基地等，其收益在于以较少的成本吸纳高质量的人才。

（三）三螺旋理论

美国学者亨利·埃兹科维茨（Henry Etzkowitz）和荷兰的罗伊特·劳德斯多夫（Leydesdorff）在 1995 年将三螺旋理论迁移至对知识经济时代背景下的大学、企业、政府三个主体的关系的研究。三螺旋理论[①]认为，大学、企业、政府三者之间不具有清晰的主体边界，而是互相依存、彼此影响。在此基础上，三者根据市场需要而联结，形成交叉影响的三螺旋关系。

学校、企业、政府三者在高职院校产教科融合人才培养过程中均承担着各自的责任，既要履行自身职责，又要在其他一方职能缺位时发挥作用，弥补空缺，这样就能形成一个螺旋型的互动，为培养产教科融合的人才提供合力。政府的首要任务是完善顶层设计，统筹规划，以政策扶持推动高职院校与行业、企业的融合。高职院校在产教科融合人才培养过程中，要积极主动与国家、地区经济、社会、工业发展的需要相适应，全面分析学校的发展方向，提升院校的影响力。从企业的角度来看，作为教育和培训的主体，在寻求自身利益的前提下，积极承担起社会责任，在优质资源、技术研发、成果转化等领域为高职院校提供重要支撑。

（四）教育和生产劳动相结合理论

教育的本质从某种意义上可以说，就是教人生存，教人成长、成才，最终促进人的全面发展。人全面发展的关键在于劳动技能的全面发展。劳

---

① ［美］亨利·埃茨科威滋.三螺旋——大学·产业·政府三元一体的创新战略[M].周春彦，译.东方出版社，2005.

动属于实践的范畴，人对待劳动的态度，直接关系着社会的发展和道德水平的提高。把握好教育和劳动间的关系，有利于促进教育发展、社会经济发展和人的全面发展。

1. 马克思主义经典作家的劳动教育思想

马克思、恩格斯、列宁等作为马克思主义经典作家，对教育和生产劳动进行了精彩的解释。劳动教育虽不是马克思研究的重点内容，但是马克思主义劳动观、劳动价值观的逻辑起点，教育和生产劳动相结合也是马克思主义理论的重要组成部分。马克思曾深刻指出："生产劳动同智育和体育相结合，它不仅是提高社会生产的一种方法，而且是造就全面发展的人的唯一方法。"[①]他十分重视教育和生产劳动的结合，认为将教育融入到劳动中，能为理论知识的学习提供实践锻炼的机会，能为个人实践技能注入新的理论知识。人在这个过程中，既能学到知识，也能在生产劳动中得到技术训练，从而推动人的全面发展和生产力的进步。马克思、恩格斯明确提出："劳动创造了人本身。"[②]在他们看来，劳动创造了现实社会、创造了历史，是人类文明进步的动力源泉。在具体的社会实践中，生产劳动和教育本身就是有机结合在一起的，教育承载于劳动，生产劳动又是教育的一方面。通过教育，劳动者的劳动能力得到提高，劳动者能力提高又促进了社会实践的发展。任何教育都离不开劳动，教育与生产劳动相结合才能促进彼此的发展。并且随着时代的发展，劳动教育也不断发展，在不同的时代有不同的时代特色。

列宁在继承马克思主义教育和生产劳动相结合的基础上，充分肯定了教育与生产劳动相结合的重要性，指出了青年加强劳动教育的必要性。他认为未来科技水平和科学知识是促进社会发展的重要因素，提出要把综合技术教育作为中学教育的一部分，要增强劳动教育的可实施性，还提出了一些具体的做法，例如：要开设劳动课、安排大学生周末参加义务劳动、去工厂参观、做实习作业。他认为在学习实际技术的同时，也要进行基础

---

① 中共中央马克思恩格斯列宁斯大林著作编译局编译. 马克思恩格斯全集（第四十三卷）[M]. 北京：人民出版社，2016：510.

② 中共中央马克思恩格斯列宁斯大林著作编译局编译. 马克思恩格斯选集（第三卷）[M]. 北京：人民出版社，2012：988.

理论知识的学习，进行共产主义理论教育，这样把专业学习、个人志向和个人发展结合在一起。

2. 中华优秀传统文化中的劳动观念

从中国历史来看，我国有着热爱劳动、重视劳动的民族传统。中华民族的传统文化中蕴含着丰富的尊重和热爱劳动的思想，关于劳动的诗歌、谚语、典故和具体的举措也层出不穷，我们从中不仅可以感受到劳动者的艰辛，而且感受到了劳动带给人们的幸福和愉悦。但是，中华传统文化中虽然有着尊重和热爱劳动的思想，也存在着重智轻劳的思想。自人类社会诞生以来，权力随之出现。"劳心者治人，劳力者治于人"等传统观念体现了基于脑力劳动与体力劳动分工的统治者与被统治者的社会阶级出现，也即是剥削者与被剥削者的社会阶级出现，导致从阶级对立观点出发的"知识即权力"的社会现象。脑力劳动的知识分子统治社会，而体力劳动的劳动者只能被统治，这种阶级对立使体力劳动者长期遭受不平等的待遇，"万般皆下品，唯有读书高"可以说是对当时状况的最好诠释。当教育开始从本质上与劳动生产相分离，劳动者便成为受教育者歧视和排斥的对象。久而久之，劳动者在社会发展过程中也就失去了应有的地位。

3. 中国共产党人关于教育和劳动相结合的论述

中国共产党人将马克思主义基本原理和我国教育的具体情况相结合，在长期的实践中，逐步形成了具有中国特色的劳动教育思想，这也成为新时代劳动教育最直接的思想来源。

毛泽东从我国实际国情出发，在继承马克思主义教育思想的基础上，进行了丰富和发展，"所以教育与劳动结合的原则是不可移易的"[1]。邓小平从时代特征出发，认为教育事业的发展要与经济社会的发展相适应，要为我国社会主义建设培养合格的人才。教育内容既要实事求是，又要能反映现代科学技术的水平。教育计划的制定要与国家劳动计划相结合，把就业发展放在考虑范围内。他不仅重视教育和劳动的结合，还注重教育和劳动结合方式的创新。江泽民在实现社会主义现代化时期，对"教育和劳动相结合"的理论有了进一步的丰富发展，将其明确为教育与实践结合，强

---

[1]　中共中央文献研究室编．毛泽东文集（第七卷）[M]．北京：人民出版社，1999：399．

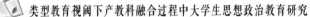

调理论联系实际。他认为学生只学习，不接触实践，不利于他们的成长和全面发展。为了促进教育和劳动更好地结合，胡锦涛提倡逐步改变以往把考试分数作为唯一标准的考核方式，要重视思想道德教育和劳动能力的培养，改变灌输式教育，要在能力培养中提高知识水平。

新时代，习近平同志在继承前人思想的基础上，以提出了"劳动托起中国梦"①的观点。青年强则国家强，青年的价值观事关国家的未来发展，青年处于价值观形成的关键阶段，抓好这个时期，做好青年价值观的养成工作十分重要。习近平十分重视劳动教育，认为劳动是财富的源泉，劳动创造了中华民族，要构建德智体美劳全面培养的教育体系，要坚定不移地将教育和劳动相结合，在实践中促进人的全面发展。他曾多次在会议上强调，通过各种方式，教育要引导青少年树立热爱劳动的思想，培养善于劳动的人。而劳动和教育相结合是实现这一目标的主要途径。要扎根中国大地办教育，促进生产劳动和社会实践相结合，通过劳动教育，强化大学生的劳动情感、提高劳动能力。

---

① 习近平. 在庆祝"五一"国际劳动节暨表彰全国劳动模范和先进工作者大会上的讲话[M]. 北京：人民出版社，2015：14

第二章　中外高职院校产教科融合
发展的比较及启示

　　发达国家的高职院校产教科融合发展已形成政府、产业与高职院校为主体稳固的三螺旋体系。由于国情差异，这些国家高职院校产教科融合模式各具特色，形成了诸如德国的"双元制"模式、英国的"三明治模式"、美国的"CBE"模式、日本的产学融合模式、澳大利亚的"TAFE"模式等。我国高职院校产教科融合在不同发展阶段呈现不同模式。发达国家高职院校产教科融合发展模式给我国高职院校产教科融合发展提供了重要的借鉴，但各国政治、经济、文化以及教育传统的差异，决定了我国与发达国家高职院校产教科融合发展模式同中有异。本章将在分析我国高职院校产教科融合发展历程的同时，剖析部分发达国家高职院校产教科融合发展情况，进而在总结部分发达国家高职院校产教科融合成功经验的基础上，依据国情、区情、校情，提出我国高职院校产教科融合发展参考与借鉴的"着力点"。

一、我国高职院校产教科融合发展历程

（一）我国高职院校产教科融合的历史变迁与发展主线

我国高职院校产教科融合发展经历了三个阶段。

1. 我国高职院校产教科融合的变迁：从独享走向共享

（1）萌芽阶段——计划经济时期的高职院校产教科融合发展

　　计划经济时期的高职院校产教科融合阶段持续时间较长，其涵盖时间段集中在 1949 年至 1991 年。虽然此时间段统称为计划经济时期的高职院校产教科融合阶段，但以不同特征仍可将其进一步划分为三个分阶段。

①第一个分阶段是 1949 年至 1957 年。在此阶段，面对新中国成立后遗留下大批无文化、无技能人员的现状，我国在 1949 年第一次教育工作会议上明确提出高职院校应服务于工农，决定采用苏联教育模式，并分别于 1953 年、1954 年与 1955 出年台了《关于中等技术学校（中等专业学校）设置专业的原则的通知》《高等学校与中等技术学校学生生产实习暂行规程》《关于提高教育工作质量决议》等政策文件。由于这些文件规定我国高职院校专业设置必须与所在区域经济发展紧密对接，导致当时高职院校产教科融合发展对当地厂矿具有较高的依赖性。此外，鉴于当时国家对高职院校投入财力有限，再加上厂矿是国家所有，国家选择相关厂矿作为当时高职院校产教科融合实习基地成为顺其自然之举。

②第二个分阶段是 1958 年至 1977 年。随着 1958 年提出的劳动制度与教育制度推行后，高职院校与行业企业一体化建设进入快车道，解决了当时高职院校产教科融合发展中经费投入、学生培养质量、办学场所、树立劳动观念等系列问题，缓解了厂矿对高职院校人才需求的矛盾。与此同时，"文化大革命"对我国高职院校产教科融合发展波及较大，使其发展速度大为减缓，有些方面甚至出现严重倒退。

③第三个分阶段是 1978 年至 1991 年。随着党的十一届三中全会的召开与"四个现代化"建设快速推进，我国高职院校产教科融合进入快速发展阶段。其间，我国为促进高职院校产教科融合发展，分别于 1979 年、1985 年、1986 年出台了《技工学校工作条例（试行）》《中共中央关于教育体制改革的决定》《关于经济部门和教育部门加强合作促进就业前职工技术教育发展的意见》等政策文件，1991 年印发的《大力发展职业技术教育的决定》标志着产教结合在国家层面获得认可。在此阶段，我国社会经济生产力潜能虽然得到有限释放，但仍然存在高职院校产教科融合发展物资短缺与资金缺位等问题，高职院校依托专业办厂可部分缓解上述矛盾。

（2）培育阶段——市场经济确立时期的高职院校产教科融合发展

党的十四大概括了建设有中国特色社会主义理论的主要内容，明确建立社会主义市场经济体制的改革目标，自此我国高职院校产教科融合发展进入了社会主义市场经济体制阶段，其涵盖时间段集中在 1992 年至 2012 年。虽然此时间段统称为社会主义市场经济体制下高职院校产教科融合发展阶段，但由于不同特征可将其进一步划分为两个分阶段。

①第一个分阶段是 1992 年至 2001 年。随着我国社会主义市场经济体制的确立，行业企业成为自负盈亏的独立经济实体，其与高职院校的"蜜月期"结束，它们之间的关系转变成各自独立的主体。为构建新型高职院校产教关系，我国分别于 1993 年、1995 年、1996 年印发了《中国教育改革发展纲要》（中发〔1993〕13 号）《关于推动职业大学改革与建设的几点意见》以及实施了《中华人民共和国职业教育法》，这些政策法规的颁布标志着我国高职院校产教结合发展获得法律"身份"，同时意味着多元治理主体时代的到来，我国高职院校产教科融合发展已从政策提倡层面步入法律规范层面。

②第二个分阶段是 2002 年至 2012 年，我国高职院校产教科融合利益相关方的"主人"角色越发明显。2002 年印发的《国务院关于大力推进职业教育改革与发展的决定》明确提出了我国高职院校办学要调动多元治理主体的积极性，推进我国高职院校多元化办学。在随后的 2004 年、2005 年、2006 年、2010 年、2011 年分别印发了《教育部关于以就业为导向深化高等职业教育改革的若干意见》《国务院关于大力发展职业教育的决定》《教育部关于职业院校试行工学结合、半工半读的意见》《国家中长期教育改革和发展规划纲要（2010—2020 年）》《教育部关于推进中等和高等职业教育协调发展的指导意见》等文件，进一步凸显了政府以及行业企业在我国高职院校产教科融合发展过程中的主体地位。

（3）实施阶段——市场经济改革时期的高职院校产教科融合发展

2013 年，《关于全面深化改革若干问题的重大决定》提出："必须积极稳妥从广度和深度上推进市场化改革，大幅度减少政府对资源的直接配置，推动资源配置依据市场规则、市场价格、市场竞争实现效益最大化和效率最优化。"[1] 此论述标志着我国高职院校产教科融合发展市场化步伐开始加快，其时间点集中在 2013 年至今。由于强调市场在资源配置中发挥决定性作用，企业在我国高职院校产教科融合发展中的地位得以提升，特别是 2014 年密集出台的《现代职业教育体系建设规划（2014—2020 年）》《关

---

① 中共中央关于全面深化改革若干重大问题的决定 [M]. 北京：人民出版社，2013：6.

于加快发展现代职业教育的决定》以及《关于开展现代学徒制试点工作的意见》等文件进一步强化了企业作为我国高职院校办学主体的地位。2017年、2018、2019年分别印发的《关于深化产教科融合的若干意见》《职业学校校企合作促进办法》《国家产教科融合建设试点实施方案》以及《国家职业教育改革实施方案》（国发〔2019〕4号）预示着高职院校多元治理主体之间将逐步实现全要素深度融合，精神共同体建设是我国高职院校产教科融合未来的发展方向。

2. 我国高职院校产教科融合发展主线：离合关系的交替

纵观我国高职院校产教科融合发展历程，虽然不同阶段时代背景不同、多元治理主体间的关系也存在部分不同之处，但离合关系的交替始终贯穿我国高职院校产教科融合发展历程，它是我国高职院校产教科融合每个发展阶段"固定成员"和不变的演变主线（见表2-1）。"离"与"合"反映了我国高职院校多元治理主体之间关系的演变与组织形态的变化，当我国高职院校多元治理主体之间关系从各自为战到亲如一家时，凸显了我国高职院校产教科融合"合"的趋势，与之相反表现出"离"的趋势，并体现如下。

表2-1　我国高职院校产教科融合不同发展阶段"离"与"合"对比分析

发展阶段	"合"的主要表现	"离"的主要表现	评论
计划经济运行时期高职院校产教科融合	1. 产教科一体化，政府起主导作用，行业、企业、高职院校是执行机构； 2. "半工半读"是高职院校产教融合运作模式	"离"的占比小	政府主导下的高职院校产教科融合，政府与行业、企业、高职院校间的关系是"母子"关系，"合"多"离"少是基本业态
市场经济确立时期高职院校产教科融合	"合"的占比较小	1. 产教科处于貌合神离状态； 2. 高职院校治理主体参与度较低	行业、企业的利益考量、高职院校自身实力尚待提高以及政府在外部环境营造方面的缺失导致"合"少"离"多是基本业态
市场经济改革时期高职院校产教科融合	1. 企业在高职院校产教融合发展中主体地位凸显； 2. 构建产、教、融、城、社命运共同体	1. 高职院校治理主体的共同愿景尚待明确； 2. 高职院校治理主体的生态位尚待清晰界定	精神共同体是未来我国高职院校治理主体的"精神家园"，"离"与"合"实现有机融合，但"合"更占优势

首先，计划经济运行时期高职院校产教科融合发展阶段的典型特征是"合"多"离"少。在新中国成立之初，政府在我国高职院校产教科融合发展中扮演"母亲"的角色，行业、企业、高职院校扮演"儿子"的角色，政府事无巨细地控制着行业、企业以及高职院校。此时高职院校多元治理主体一体化程度非常高，"合"是此时高职院校产教科融合发展的主旋律，"半工半读"成为此时高职院校产教科融合发展的主要运作模式。

其次，市场经济确立时期高职院校产教科融合发展阶段的典型特征是"合"少"离"多。造成此状况的原因是行业、企业的利益考量、高职院校自身实力尚待提高以及政府在外部环境营造的缺失等诸多因素存在，导致多元治理主体参与相关产教科融合建设激情不足，即便是参与其中，也是各有盘算，总体上呈现我国高职院校多元治理主体间"貌合神离"的状态，"离"成为此发展阶段的关键词。

最后，市场经济改革时期高职院校产教科融合发展阶段的典型特征是"离"与"合"的有机融合，但"合"更占优势。市场经济改革时期高职院校产教科融合发展阶段的"离"是指多元治理主体间的关系既不是相互取代的关系，也不是不分彼此的关系，理想的高职院校多元治理主体间的"离"应保持治理主体独有的特性，在各自生态位上发挥应有的作用，于是此发展阶段"离"的内容得以丰富。相比较新时代高职院校产教科融合发展阶段的"离"，"合"在新时代高职院校产教科融合发展阶段更占据优势。此发展阶段总方向是构建多元治理主体间的精神共同体，精神家园成为多元治理主体追求的共同愿景，这既满足了新时代多元治理主体的不同需求，又形成了新的组织形态与治理结构，促进新时代高职院校产教科融合发展迈向新征程，并在"中国制造2025"发展战略与"一带一路"倡议中发挥重要的作用。

（二）我国高职院校产教科融合发展历程中的基本问题

纵观我国高职院校产教科融合发展历程，"离""合"的交替成为其不变的旋律，我国高职院校产教科融合发展历程的"离""合"交替变化能否"节拍一致"是由我国社会经济发展需求决定的，在此过程中，既不能简单推崇"离"，也不能简单推崇"合"，"离"与"合"应由当时社会经济发展需要决定。

1. 我国高职院校产教科融合发展历程中"合"的作用

我国高职院校产教科融合中"合"在社会经济发展中发挥重要作用，其具体作用体现在以下方面。

第一，我国高职院校产教科融合中的"合"能够发挥多元治理主体的特长与优势，形成我国高职院校产教科融合发展的合力，实现我国高职院校产教科融合发展的帕累托优化，避免多元治理主体各自为营与相关资源的浪费。

第二，针对我国高职院校产教科融合发展中政府拨款有限、高职院校自身筹款能力不足以及企业捐赠数量有限等问题，构建我国高职院校产教科融合命运共同体可破除上述困局，因此，"合"在我国高职院校产教科融合发展经费保障中承担关键角色。

第三，我国高职院校人才培养质量与社会需求契合度不高的关键原因是我国高职院校多元治理主体间的"貌合神离"，高质量人才培养不可能仅凭单个治理主体实现，它需要各个治理主体在专业课程设置、双师队伍建设、人才培养方案制定、实训基地建设等方面精诚合作。

2. 我国高职院校产教科融合演变历程中"离"的作用

"合"在我国高职院校产教科融合发展过程中发挥重要的作用，已成为我国高职院校产教科融合未来发展追求的目标，但这并非代表着"合"将大行其道，"离"将退出我国高职院校产教科融合发展的历史舞台。实际上，任何事物发展讲究一个度，超出相关限度会导致适得其反的结果，同理，在我国高职院校产教融合发展中也是如此，其应该在保障"合"的统治地位同时，给予"离"恰如其分的位置，如此方能够利用"离"的机制达到"合"的目标。

首先，在当下我国社会经济发展过程中，我国高职院校多元治理主体利益诉求千差万别，尚未形成命运共同体，于是从多元治理主体与资源配置间关系来看，为防止"搭便车"状况发生，应根据各个治理主体的实际状况，在高职院校产教科融合发展过程中划分相应的权责。在我国高职院校产教科融合发展演变历程中，可以发现我国高职院校产教科融合项目中的任务被细化到每个治理主体，此举是我国高职院校产教科融合发展中"合"

中有"离"最好的明证。在当下高职院校产教科融合发展内外部发展环境基本确定的情况下，每个治理主体不仅需要确定其权责边界，同时要保证我国高职院校产教科融合发展帕累托优化。为实现我国高职院校产教科融合健康可持续发展，应在保证我国高职院校产教科融合发展大方向"合"的同时，促进各个治理主体各尽其责。

其次，我国高职院校产教科融合在不同时间段有其不同的聚焦点，再加上多元治理主体利益诉求的差异性，为保证高职院校人才培养质量以及服务能力与社会需求高度契合，应确保各个治理主体独有的特征，使其以独有的功能参与到高职院校产教科融合发展中。鉴于此，在我国高职院校产教科融合发展过程中，应防止单纯追求所谓"合"的目标牺牲必不或缺"离"的个性因素，相反，应在保障我国高职院校产教科融合"合"的大趋势下，充分发挥多元治理主体的"绝活"，构建我国高职院校治理主体个性化发展机制。

最后，在我国高职院校产教科融合发展演变历程的风险视域中，过分强调高职院校产教科融合发展中"合"的因素，只会导致我国高职院校产教科融合发展风险聚焦，其发展成本有可能出现向某些治理主体集中的风险，因此，多元共治"合"的占比越高并非意味着我国高职院校产教科融合发展质量越高，适当的"离"可以分散多元治理主体间的风险，对降低我国高职院校产教科融合发展成本可起到促进作用。

总之，通过对我国高职院校产教科融合发展历程中"离"与"合"理论的剖析可见，"离"与"合"并非是水火不容，而是对立统一，演变历程中"离"与"合"各有所长。为此，应保障我国高职院校产教科融合发展历程中"离"与"合"的契合度，这样方能使我国高职院校产教科融合走上正确的发展轨道。

二、部分发达国家高职院校产教科融合的发展

发达国家高职院校多元治理主体结合各自国家的特点和社会经济发展需要，经过长时间探索与完善，其在理论与实践方面走向成熟，各具特色的高职院校产教科融合发展模式已成为所在国家社会经济发展的主要动力。

为吸收与借鉴这些国家经验，本书系统阐述了部分发达国家高职院校产教科融合发展的基点与主线，厘清这些发达国家高职院校产教科融合发展的基本特征与内容，指出这些发达国家高职院校产教科融合发展的未来走向，助推我国高职院校产教科融合健康可持续发展。

（一）部分发达国家高职院校产教科融合发展的基点与主线

1. 部分发达国家高职院校产教科融合发展的基点

（1）建立了配套的法律政策保障体系

为给高职院校产教科融合发展营造良好的外部发展环境，部分发达国家出台了一系列法律政策为高职院校产教科融合发展保驾护航。在德国，"双元制"模式通过德国政府1969年颁布的《职业教育法》获得法律意义上的"正式身份"，自此该国高职院校产教科融合发展走上法制化轨道。1972年出台的《企业基本法》和《培训教师资格条例》，对参与该国高职院校产教科融合企业以及培训教师所扮演的角色进行了规定。为适应职业教育发展的需要，2005年德国颁布了新的《职业教育法》，该法律以1969年颁布的《职业教育法》和1981年颁布的《联邦职业教育促进法》为蓝本进行了修改完善，此举使德国高职院校产教科融合外部发展氛围得以优化，可操作性进一步增强，为德国"双元制"模式成为世界一流高职院校产教科融合典型发展范式奠定了坚实基础。此外，针对理论学习由高职院校组织实施以及实践培训由企业组织实施的事实，德国政府分别通过《义务教育法》和《职业教育法》对其进行不同的法律法规约束。

在英国，1802年政府出台的《工厂法》已经出现"三明治模式"萌芽，在后期，为提升民众对"三明治"模式的认可度，英国政府于1956年发表了《技术教育白皮书》，初步搭建了国家技术教育体系框架，"三明治模式"获得了官方认可。为应对国际产业布局变化与解决英国高素质技术技能型人才的短缺，英国政府在1964年出台《产业培训法》，该国高职院校产教科融合进入快速发展阶段，"三明治模式"在英国企业职员工中开始"生根发芽"。20世纪末，针对当时存在的学生实习就业岗位缺位问题，英国政府1987年发布的《高等教育——应对新的挑战》中明确要求该国高职院校在20世纪末期应强化与产业联系，不断提升服务社会经济发展的能力。

为实现《高等教育——应对新的挑战》提出的目标，英国政府通过 1988 年与 1991 年分别发表《90 年代的就业》《高等教育的框架》两个白皮书来提升产业与高职院校的融合度，于是"三明治模式"从探索期走上成熟期，成为该国高职院校产教科融合发展的标志。21 世纪初，面对创新经济发展要求，英国政府又于 2003 年发表了《高等教育的未来》白皮书来应对不断提升的全球化技能挑战。[①]

在澳大利亚，早期的 TAFE 模式（Technicaland Further Education 的简称，即技术与继续教育）涉及高职院校产教科融合发展内容并不多见，但随着澳大利亚政府对职业教育的重视，澳大利亚联邦政府于 1974 年采纳了《坎甘报告》，澳大利亚高职院校即 TAFE 学院获得了联邦政府的官方认可，该国高职院校产教科融合进入快速发展阶段。但此时澳大利亚高职院校产教科融合发展并未获得国家制度的保障，这种状况直到 1985 年澳大利亚政府出台了《柯尔比报告》才得以破局。该报告明确提出搭建职业技术培训框架，澳大利亚高职院校产教科融合发展由此真正获得了国家制度层面的支持。随着澳大利亚高职院校的快速发展，该国高职院校产教科融合发展进入了快车道，为激发多元治理主体的参与激情，确定多元治理主体在参与过程中承担的费用，澳大利亚联邦政府于 1990 年颁布了《国家培训保障法》。针对澳大利亚高职院校产教科融合发展过程中存在的治理主体权责不清晰的状况，澳大利亚联邦政府于 1992 年出台了《职业教育与培训资助法》。

（2）发挥了行业协会的监督协调功能

行业协会对产业需求与发展趋势非常敏感，部分发达国家行业协会在所在国家高职院校产教科融合发展过程中发挥了重要的监督协调功能。

为保障技能考试的客观公正性，德国行业协会通过设立专门的考试管理机构承担组织考试的职责，相关的企业或者高职院校是培训者。考培有效分离使德国高职院校产教科融合得以规范化发展，该国政府颁布的《职业培训条例》的有效执行，实现了对企业或者高职院校培训质量公正的评价，行业协会颁发的资格证书在欧洲许多国家具有较强的影响力。此外，

① 黄艳. 产教科融合的研究与实践 [M]. 北京：北京理工大学出版社，2019：46-47.

德国行业协会监督协调功能体现在对相关企业是否具有参与"双元制"教育企业培训资质的考核与评价，以此保障"双元制"教育企业培训水平。对于德国高职院校产教科融合发展过程中出现的治理主体利益诉求的差异，德国行业协会通过发挥协调功能，对多元治理主体执行合同状况进行了有效监管，德国高职院校多元治理主体基本上能朝着共同的目标努力。

与德国行业协会既负责职业培训的实施，同时负责资格证书的发放不同的是，英国行业协会只负责职业培训的实施，资格证书的发放由专门机构来执行，但这并不影响英国行业协会监督协调功能的发挥。在英国"三明治模式"发展过程中，英国行业协会在职业标准制定过程中发挥重要的作用。如在英国政府颁布《技术教育白皮书》《克罗瑟报告》后，英国国家技术学位管理协会实现了学位认证，"三明治模式"解决了文凭障碍，企业参与高职院校产教科融合发展热情不断高涨。在此背景下，为提升英国高职院校产教科融合发展水平，英国工程培训管理协会通过出版多期《信息报》助推《产业培训法》目标实现，并为参与"三明治模式"的多元治理主体提供相应的经费资助。"三明治教育大学委员会"（UCSC）和"三明治教育和培训协会"通过举办论坛、交流会、研讨会、出版相关期刊为多元治理主体间提供顺畅的信息交流平台，英国高职院校产教科融合进入新的高速发展期。根据 1988 年英国政府《90 年代的就业》文件要求成立的培训与企业理事会将企业参与高职院校产教科融合水平提升到新的层次，英国高职院校产教科融合发展步入繁荣稳定期。

澳大利亚行业协会与其他高职院校治理主体关系紧密，它不仅可以为其他治理主体提供相关信息咨询服务，同时全程参与该国高职院校产教科融合发展，对澳大利亚高职院校产教科融合发展质量进行评估，其在民间即澳大利亚高职院校多元治理主体中拥有良好的声誉。此外行业协会在官方有较高的地位，依据澳大利亚政府颁布的《澳大利亚国家培训局法案》（ANTA 协议①），行业协会在高职院校产教科融合发展过程中既承担为政府决策提供专业决策依据的职责，又在澳大利亚高职院校产教科融合宏观

---

① ANTA 是指澳大利亚政府于 1993 年成立的澳大利亚国家培训局，全称是：Australian National Training Authority。——笔者注

教学方面拥有决策权，[①]由此可见，澳大利亚行业协会在高职院校产教科融合发展过程中较好发挥了监督协调功能。

（3）建立了多元化经费筹措机制

经费投入事关高职院校产教科融合发展能否获得基本保障，德国高职院校产教科融合发展经费来源主要依靠德国联邦政府设立中央基金，通过立法要求各企业单位缴纳一定的资金作为职业教育的经费，缴纳的额度按照企业员工工资总额的 0.6% ~ 0.92% 提取，"此外，参与职业教育校企合作的企业还可以享受政府政策优惠，如减免税收、财政补贴及专项资金支持等。[②]不同层级政府负责经费有所不同，如州政府主要负责德国高职院校教职工薪金，地方政府负责德国高职院校基础教学设施费用以及相关管理人员薪金。这并不意味着德国高职院校产教科融合发展经费由政府买单，其实在开展德国高职院校产教科融合企业培训时，该培训所有人员及设备费用由企业承担，这其中包括学徒工津贴与授课教师工资，此外，企业通过直接资助与集资资助承担德国高职院校产教科融合发展的费用，因此，企业应是德国高职院校产教科融合发展经费最重要的投入者。

对于英国高职院校产教科融合发展产生的费用，政府通过制定相关职业教育政策法规进行保障，如在 20 世纪末，随着英国经济进入萧条期，为解决企业和学生参与"三明治教育"的压力，英国政府提出"青年培养框架"，通过此框架不仅给予提供实习岗位的相关企业相应补助，同时给予参与此项目培训的学员相应工资。英国政府投入政策并非固定不变的，在不同发展时期，其制定的投入政策侧重点有所区别，这在 1987 年英国政府发起的"高等教育创业"计划中得以体现。该计划提出"首批获准提交申请报告的 20 所高等职业学校中有 14 所高校开展了三明治课程，获批高校将得到每年 20 万英镑，连续 5 年的资助"[③]，此外，英国政府通过设立职业教育基金保障该国高职院校产教科融合发展经费的使用。

澳大利亚高职院校产教科融合发展经费由多方投入组成。为从政策法律层面给澳大利亚高职院校产教科融合发展经费投入方面保驾护航，政府

① 李国和，闫辉. 澳大利亚 TAFE 模式研究 [J]. 中国职业技术教育，2017（09）：79.

② 贺星岳. 现代高职的产教科融合范式 [M]. 杭州：浙江大学出版社，2015：22.

③ 黄艳. 产教科融合的研究与实践 [M]. 北京：北京理工大学出版社，2019：46.

通过颁布相关政策法律，明确提出多元治理主体在经费投入方面的职责。在实践层面，政府承担了高职院校产教科融合发展经费的80%，但澳大利亚政府的经费投入不是"摊大饼"式，它是根据每个高职院校产教科融合发展质量高低确定其是否有获取资助的资质以及获取资助的份额。此外，项目招标专项拨款是澳大利亚高职院校产教科融合发展经费的重要来源。

2. 部分发达国家高职院校产教科融合发展的主线

（1）产教一体化在部分发达国家高职院校产教科融合发展中发挥主体作用

高职院校产教科融合一体化是部分发达国家高职院校多元治理主体之间寻求共同利益的组织方式，同时是保障这些发达国家高职院校多元治理主体之间良性互动的关键环节。德国高职院校产教科融合一体化由"培训一体式"与"实践一体式"的全日制高职院校的院校教育以及"职业一体式"和"职业伴随式"的继续教育组成，其一体化具体表现在企业方面，即企业将高职院校产教科融合发展当作企业行为，不仅为高职院校学生提供完善的生产实践与教学实践场所，同时提供相应的培训经费与制定完善的培训计划；表现在高职院校方面，即依据职业分析的结果为高职院校学生提供能力本位的专业课程体系。英国高职院校产教科融合一体化建设主要通过教学公司、国家职业资格证书体系以及"三明治教育"和培训协会等平台，以国家职业资格证制度为依托，使英国高职院校产教科融合"三明治模式"成为世界高职院校产教科融合发展的典型范式。

澳大利亚在推进高职院校产教科融合一体化进程中，通过该国高职院校产教科融合相关职业教育培训框架和"培训包"的制定，引入市场竞争机制，实现澳大利亚高职院校多元治理主体之间深度融合，破解了澳大利亚产业与高职院校需求对接的难题。

（2）顶层设计在部分发达国家高职院校产教科融合发展中发挥引领作用

部分发达国家高职院校产教科融合发展非常关注国家层面的制度设计，其高职院校产教科融合发展全局性与平衡性较强。例如，德国高职院校产教科融合发展顶层设计是通过联邦职业培训研究所实现对高职院校产教科融合发展的研究与开发，德国产业合作委员会实现了对高职院校多元治理主体的监控与管理，此外，《框架教学计划》与《职业教育条例》的制定使德国高职院校产教科融合的培养教学方案有实施依据。英国高职院校产教科融合发展的顶层设计是基于国家技术教育体系制定的，产业培训董事会与中央培训委员会保障了该国高职院校产教科融合发展的经费问题，教育与技能部给予该国高职院校产教科融合发展政策保障，青年培养框架使该国高职院校产教科融合发展内容更加丰富。澳大利亚高职院校产教科融合发展顶层设计者是澳大利亚国家培训总局以及澳大利亚行业技能协会，"培训包"是澳大利亚高职院校产教科融合顶层设计的着力点。此外，"澳大利亚在进行职业教育制度顶层设计时，注重发挥行业企业的作用和优势，让其参与资格框架、培训质量框架、机构认证框架和培训包的制定，以保证职业教育适应社会发展需求，与产业的发展保持同步。"[①]

（二）部分发达国家高职院校产教科融合发展的基本特征与内容

1. 部分发达国家高职院校产教科融合发展的基本特征

部分发达国家高职院校在产教科融合发展中相互借鉴，并基于实际国情形成同中有异、各具特色的高职院校产教科融合发展特征。例如，德国高职院校产教科融合发展模式以1948年被命名的"双元制"人才培养模式为代表，巴登－符腾堡州职业学院是该国高职院校产教科融合发展首批探索者。该国高职院校产教科融合发展基本特征主要体现在以下方面：①在德国高职院校产教科融合发展过程中，该国企业的主体性体现在其对高职院校学生技能培训方面，德国高职院校主体性体现在其只负责高职院校学生基本知识与技能的传授；②德国企业在高职院校人才培养过程中，并非只是浅层次参与者，它深度参与高职院校学生培养整个过程；③德国政府在高职院校产教科融合发展过程中发挥非常重要的作用，其不仅成立专门机构来监控德国高职院校产教科融合发展的经费与政策方面支持，同时，鼓励企业在获取高职院校产教科融合发展成果的基础上给予高职院校相应的经费支持，此外，强化德国高职院校人才培养质量与行业企业间的契合度，使合作的行业企业自愿加大对高职院校产教科融合发展的投入。

"三明治模式"是英国高职院校产教科融合发展的典型模式，其最初在英国桑德兰技术学院进行了探索，2003年英国政府颁布的《高等教育的

---

① 贺星岳. 现代高职的产教科融合范式 [M]. 杭州：浙江大学出版社，2015：24.

未来》白皮书标志"三明治模式"走向了成熟。英国高职院校产教科融合"三明治"模式发展过程中的特征如下：①在高职院校产教科融合发展过程中，英国政府通过颁布相关的政策法规、成立相关组织以及采取"培训券"制度等多种措施，调动多元治理主体参与热情，保障高职院校产教科融合高质量发展；②英国高职院校多元治理主体非常关注高职院校学生核心能力的培养，其已成为国家资历标准框架体系的核心组成部分，并纳入许多高职院校相关课程体系中；③英国高职院校产教科融合对接国家职业资格标准，使高职院校学生的资格证书成为该国高职院校产教科融合发展质量的证明；④英国高职院校产教科融合发展方式多种多样，多元治理主体间的良性互动非常频繁，"厚三明治"与"薄三明治"是最好的例证。

澳大利亚高职院校产教科融合发展以 TAFE 模式为代表，市场需求是其发展的导向，并呈现如下特征：①澳大利亚高职院校产教科融合所开设的课程与所在区域人力资源需求对接紧密，这使得该国高职院校学生实践操作能力得以形成，并在标准化与人性化方面表现明显；②澳大利亚高职院校产教科融合发展在实施学制、学习对象、专业课程设置与教学、考核评价等方面形式多样，这种灵活性给高职院校产教科融合发展创造了良好的发展环境；③行业企业在澳大利亚高职院校产教科融合发展中占据主导地位，其全程参与了高职院校产教科融合专业课程设置、规划制定、师资队伍建设与实训基地建设等方面；④澳大利亚高职院校多元治理主体职责明确，如高职院校有实施具体教学的权利，但无教学大纲制定与课程设置的权力，这些权责明晰的措施保障了该国高职院校多元治理主体和谐共生。

2. 部分发达国家高职院校产教科融合发展的基本内容

上述特征展现了这些国家高职院校产教科融合宏观层面的经验，对这些发达国家高职院校产教科融合发展基本内容的剖析则从微观层面展示具体操作规程。如在双元制模式发展过程中，德国高职院校学生要进行学制三年的学习，其中理论学习时间集中在高职院校某个时间点或者某个时间段，其余时间在企业进行职业技能培训。学生在企业接受培训期间，德国高职院校学生要与培训企业签订职责明确的合同，其身份从学生转为学徒。三年学习结束、通过德国行业协会组织的毕业考核后，这些高职院校学生可以自主制定其未来职业规划。

与德国高职院校双元制模式在学制以及理论与实践时间安排不同的是，英国高职院校"三明治模式"学制多为四年，其中前两年和最后一年在高职院校学习理论课程知识，第三年在企业进行实习。随着英国社会经济的发展，这种"2-1-1"的学习时间安排衍生出许多版本，主要包含如下方式，如以半年时间为基准，交替进行理论实习和实践技能培训，或者是两年在高职院校进行理论学习，其余两年在企业接受工业训练，另外，每学年安排高职院校学生进行九个月校内理论学习和三个月实习是一种英国高职院校产教科融合发展教学计划安排方式。[①]

澳大利亚高职院校 TAFE 模式学制非常灵活，高职院校学生学制长短取决于其获得规定学分与职业技能的日期，最长时间可以是两年，最短时间可以是三个月，只要有意愿都可以参加澳大利亚高职院校 TAFE 模式学习。澳大利亚高职院校 TAFE 模式课程设置与教学方式非常灵活，高职院校学生可以选择连续的或是阶段的课程，并与普通本科高等院校课程体系进行衔接。企业全程参与高职院校学生培养过程，"培训包"成为澳大利亚高职院校产教科融合多元治理主间体联系的纽带。[②]

（三）部分发达国家高职院校产教科融合发展的趋势

部分发达国家高职院校产教科融合发展的成就有目共睹，但随着第四次产业革命的到来以及社会民众对其发展质量要求的不断提升，这些发达国家高职院校产教科融合发展遭遇了形式各异的瓶颈。近年来，高职院校产教科融合呈现出新的发展趋势。

1. 完善政府指导下高职院校产教科融合发展的顺畅度

为适应社会经济创新需求，英国政府以"世界级的技能"作为该国高职院校产教科融合发展目标，提出"21世纪英国的整体生态资源是其高素质的人民"的改革口号，体现了政府加强校企合作，建立一个"官产学"三位一体的国家创新体系的希望，这也给三明治教育模式留下了充足的发展空间。[③]2017年英国政府颁布的《产业战略：建设适应未来的英国》白

① 贺星岳. 现代高职的产教科融合范式 [M]. 杭州：浙江大学出版社，2015：12.
② 贺星岳. 现代高职的产教科融合范式 [M]. 杭州：浙江大学出版社，2015：13-14.
③ 黄艳. 产教科融合的研究与实践 [M]. 北京：北京理工大学出版社，2019：47.

皮书是较好的尝试。德国政府自 2013 年通过颁布"职教 4.0"应对当下数字化挑战的发展战略，指明了德国高职院校产教科融合数字化建设之路，并对德国高职院校多元治理主体的数字化技能提出了新要求。进入 21 世纪，澳大利亚政府通过构建完善的高职院校产教科融合发展资金筹措机制与职业资格证体系，消除了该国高职院校产教科融合发展的障碍，澳大利亚高职院校产教科融合发展进入建设"快车道"。

2. 健全完备的高职院校产教科融合发展法律制度体系

2018 年德国政府完成了《职业教育法》与《基本法》的修订工作，为促进该国高职院校双元制模式的改革创新以及为高职院校产教科融合数字化进程提供了法律保障。2016 年英国政府出台了《16 岁后的技能计划》白皮书，该白皮书"为英国职业教育的发展画下了雄伟蓝图。按计划，学徒培训税、学徒制研究所、资格认证改革、过渡年等一系列措施都将陆续启动"[1]。澳大利亚政府颁布的《2015 年注册培训组织标准》对参与职业培训组织的资质进行了新的规定，此举保障了澳大利亚职业培训组织的培训质量，使澳大利亚高职院校产教科融合人才培养质量得以进一步提升。

3. 增强行业组织在高职院校产教科融合发展中的纽带作用

德国行业组织，诸如德国工商业协会与手工业协会在德国高职院校产教科融合发展过程中为多元治理主体间合作搭建了平台，其服务职能随着德国社会经济发展而不断增多，为非德国学员提供资格认证服务是其新增的服务职能。澳大利亚行业组织在高职院校产教科融合发展中提供形式多样的"培训包"，这使得该国高职院校学生有了统一标准，提升了澳大利亚人才培养质量与企业人才使用的效能。英国行业组织坚守自身职责，其通过发挥政府在制定相关职业资格标准的主导作用为多元治理主体间合作服务，激发各个方面的潜能，实现英国高职院校产教科融合健康可持续发展。

4. 提升高职院校产教科融合多元治理主体的利益关联度

德国高职院校多元治理主体间的利益协调机制是通过不断完善多元治理主体共同参与的机制及高职教育政策与标准来保障相关政府部门、企业、行业协会以及工会间顺畅沟通，达到在职业教育与培训事务中实现共同目

---

① 关晶. 脱欧对英国职业教育影响几何 [N]. 光明日报，2017-05-03.

标。2015 年，英国推出的"学位学徒制"打破学术与技能的边界，使该国高职院校产教科融合社会吸引力得到空前提升，满足了英国对多样化人才的需求。澳大利亚通过建立行业导向的衔接模式，在高职院校产教科融合方案成功实施后，该国高职院校多元治理主体将构建共生共融的伙伴关系，达到无缝衔接。

三、中外高职院校产教科融合发展的对比及对我国的启示

随着第四次产业革命和到来和信息数字化的不断推进，行业企业人才需求与高等教育人才培养质量契合度成为世界各国关注的焦点。高职教育作为高等教育的重要组成部分，其人才培养质量与社会服务能力如何事关各国社会经济发展与产业升级。我国高职院校历经数十年的发展，现今已在规模与内涵发展上取得了不错的成绩，为我国在国际产业链上的地位提升做出了较大贡献。在看到我国高职院校产教科融合发展成绩的同时必须注意的是，目前我国高职院校产教科融合发展存在着法律规范不配套、治理主体权责不清晰、监督约束机制尚待强化等问题。构建具有中国特色的高职院校产教科融合发展范式成为多元治理主体必须面对的任务。要达到上述目标，应在总结我国高职院校产教科融合发展历史经验的同时，借鉴部分发达国家高职院校产教科融合发展的有益经验。

（一）高职院校产教科融合发展的对比

通过对我国与部分发达国家如德国、英国、澳大利亚等高职院校产教科融合发展在目标、法律体系、制度体系、政校企作用等方面进行对比性分析，探讨这些发达国家高职院校产教科融合发展的经验与规律，指出我国高职院校产教科融合发展范式在理论与实践方面存在的问题。

1. 高职院校产教科融合发展目标的对比

面对高职院校产教科融合发展目标，中国与部分发达国家给予了准确的界定。我国高职院校产教科融合发展目标可从《国家发展改革委有关负责人〈关于深化产教融合的若干意见〉〉答记者问》中得到明确的答案，该负责人认为产教科融合发展应在我国社会经济发展中"成为转型升级的

'助推器'、促进就业的'稳定器'、人才红利的'催化器'"。[1]德国高职院校产教科融合发展目标主要通过其代表性"双元制"发展模式体现出来，该国高职院校双元制强调以能力为本位培养高职院校学生综合素质与核心竞争能力，为德国经济发展与高品质制造提供适用人才。英国高职院校产教科融合发展目标主要通过其代表性的"三明治模式"加以呈现，它是英国高职院校多元治理主体为解决该国产业发展产生的高素质技术技能型人才短缺问题，构建起产业界与学术界深度合作的国家创新体系。澳大利亚高职院校产教科融合发展目标主要通过其代表性"TAFE"发展模式表现出来，该模式强调以区域经济与行业发展需求为指向，通过增强高职院校学生的实践能力提升澳大利亚高职院校的学生培养水平与澳大利亚区域社会经济发展的适应能力。

通过目标的对比，我国与这些发达国家高职院校在产教科融合发展目标上具有高度相似性，提升高职院校人才培养质量与社会经济发展需求契合度以及提高高职院校服务区域经济能力成为共同追求。我国与发达国家高职院校产教科融合发展目标除大方向相似外，两者在发展目标细节之处仍存在诸多差异，如两者虽提出培养具有个性化高职院校学生的目标，但目前我国部分高职院校人才培养仍处在"流水线式"阶段，学生专业技能形成也非是专业（职业）教育与产业发展共同作用的产物，这种漠视高职院校学生个性化发展需求的培养方式导致学生核心竞争力不强，学生毕业就面临失业，即便是就业，多从事于技能要求较低的岗位，职业可持续发展能力不强。在服务区域经济能力方面，目前我国高职院校自身能力处于缺失状态，尚无法达到发达国家高职院校服务区域经济发展的贡献度。当然，我国已将高职院校产教科融合发展提升到相当高的高度，并颁布了一系列政策法规，但基于当下我国高职院校产教科融合发展水平，与这些发达国家高职院校产教科融合发展水平存在较大差距，同时与我国高职院校产教科融合发展提出的目标差距较大。

---

[1] 国家发展改革委有关负责人就《关于深化产教科融合的若干意见》答记者问 _ 解读 _ 中国政府网[EB/OL].（2017-12-19）[2022-04-06]. http://www.gov.cn/zhengce/2017-12/19/content_5248610.htm.

2. 高职院校产教科融合发展政策法规体系的对比

对于高职院校产教科融合发展政策法规体系建设，我国和部分发达国家都非常关注。我国颁布的涉及高职院校产教科融合政策有 1958 年的《关于教育工作的指示》、1985 年的《中共中央关于教育体制改革的决定》、1991 年的《国务院关于大力发展职业技术教育的决定》、1993 年的《中国教育改革和发展纲要》、1996 年的《中华人民共和国职业教育法》、2014 年的《国务院关于加快发展现代职业教育的决定》与《现代职业教育体系建设规划（2014—2020 年）》、2017 年的《国务院办公厅关于深化产教科融合的若干意见》、2019 年的《国家职业教育改革实施方案》等。[①] 在发达国家，德国出台的有关于高职院校产教科融合政策法规有 1969 年的《职业教育法》、1972 年的《企业基本法》和《培训教师资格条例》、2005 年新的《职业教育法》，此外还有《职业义务教育法》和《职业教育法》。在英国，其分别颁布了 1802 年的《工厂法》、1956 年的《技术教育白皮书》、1964 年的《产业培训法》、1987 年的《高等教育——应对新的挑战》、1988 年的《90 年代的就业》白皮书、1991 年的《高等教育的框架》白皮书以及 2003 年的《高等教育的未来》白皮书。在澳大利亚，政府于 1974 年采纳了《坎甘报告》、1985 年出台了《柯尔比报告》、1990 年颁布了《培训保障法》以及 1992 年出台了《职业教育与培训资助法》。

通过对我国以及这些发达国家颁布的有关于高职院校产教科融合政策法规的梳理，可以发现其共性体现在我国和这些发达国家均试图通过制定系列政策法规为高职院校产教科融合发展提供立法、经费等保障，使高职院校产教科融合发展在政策法规指引下健康成长。当然，我国颁布的有关于高职院校产教科融合的政策法规与这些发达国家出台的高职院校产教科融合政策法规存在诸多不同之处，如这些发达国家目前已经制定出一套比较成熟的关于高职院校产教科融合发展的政策法规体系，而完备的政策法规是高职院校产教科融合健康可持续发展的关键所在，这主要是因为完备的政策法规使这些国家高职院校多元治理主体能够明确权责关系，对违反政策法规有清晰的处罚措施。相对于发达国家有序的高职院校产教科融合

---

① 周应中. 新中国 70 年职业教育产教科融合政策变迁逻辑——历史制度主义的视角 [J]. 职业技术教育，2019（33）：13-14.

发展政策法规体系，我国出台的政策法规比较零散，且多为计划、规划，即便制定成为法律，也是多年尚未修改，如1996年颁布的《中华人民共和国职业教育法》是最好的明证，该法律直到2021年仍处于执行阶段，这些因素的存在使我国有关高职院校产教科融合政策法规体系缺乏强制执行力。此外我国高职院校多元治理主体间的权责关系尚未清晰界定，为实现自身利益最大化，多元治理主体必会寻求以最少的成本追求利润，产教科融合治理主体的正当权益受到侵犯成为常态。再加上目前出台的有关于高职院校产教科融合政策法规多从宏观角度出发，这使我国高职院校产教科融合政策法规可操作性与发达国家存在较大差距。

3. 高职院校产教科融合制度体系的对比

为保障高职院校产教科融合高水平发展，我国和部分发达国家在高职院校产教科融合制度体系建设方面投入较多经费与精力。在我国，为强化行业企业等治理主体在高职院校产教科融合中的地位，制定了高职院校产教科融合制度，提出构建诸如产教科融合型企业、产教科融合型实训基地、产教科融合型职教集团、产教科融合型城市、混合所有制型高职院校、现代学徒制、企业新型学徒制等措施。为加强对高职院校产教科融合组织顶层设计，我国建立完善了国务院职业教育工作部际联席会议制度、组建国家职业教育指导咨询委员会以及建立健全职业教育质量评价与督导评估制度。对于入选的产教科融合型企业，我国采取"金融＋财政＋土地＋信用"组合式制度激励措施。发达国家制定了一系列有关于高职院校产教科融合制度措施，如在德国，"产业合作委员会"是政府执行机构，通过该委员会实现对高职院校多元治理主体的监控，给予合格的治理主体财政补贴、优惠政策以及专项资助等。"在中央基金的使用方面，有一定的申请条件和使用制度，只有培训企业和跨企业的培训中心才有资格获得培训资助。经济发展水平不同区域、不同规模的企业以及不同职业、不同年限的培训，所获经费资助不同。"[1]在英国，"教育与技能部负责制定各项政策，检查监督其执行情况；职业教育的具体事务由政府专门设立的机构负责""英国政府还设立职业教育基金会，设立专项经费，确保稳定而充足的经费投

---

① 贺星岳. 现代高职的产教科融合范式 [M]. 杭州：浙江大学出版社，2015：22.

入。"① 在澳大利亚，"到20世纪90年代，成立了国家级的培训局，并建立了TAFE管理机构和与职业教育培训相关的机构，建立了全国统一的毕业证书制度。同时，确定了学位框架，实行了澳大利亚联邦政府、州政府和行业共同来管理的一种职业教育的新体制，即政府主导，行业参与，有效促进，并高度重视行业组织的专业特长，按照职业能力来设置课程。"②

　　纵观我国高职院校产教科融合制度体系建设与这些发达国家高职院校产教科融合制度体系建设历程，两者非常重视用各种激励制度措施促进高职院校产教科融合发展水平的提升，通过相关的顶层制度设计营造高职院校产教科融合良好外部发展氛围。中外高职院校产教科融合发展的制度体系不同之处在于发达国家在国家层面成立了负责高职院校产教科融合发展的专门机构，我国尚未建立国家层面的高职院校产教科融合发展专门机构，即便是负责高职院校产教科融合发展机构也多为临时性机构或者是民间机构，这必然会使负责我国高职院校产教科融合发展机构的权威性大打折扣。此外，发达国家细化高职院校产教科融合发展激励制度措施，而我国高职院校产教科融合发展的激励制度措施多处在宏观层面；再加上这些发达国家有关高职院校产教科融合制度发展措施大部分源于专门的政策法规，而我国高职院校产教科融合发展激励制度措施只是零星散布在其他政策法规中，其可操作性比较差。

　　4. 高职院校产教科融合发展过程中政校企作用的对比

　　对于高职院校产教科融合发展过程中政校企作用的建构，我国和这些发达国家投入相当大的精力去推动。在我国，2017年出台的《国务院办公厅关于深化产教科融合的若干意见》(国办发〔2017〕95号)中明确提出："发挥企业重要主体作用，促进人才培养供给侧和产业需求侧结构要素全方位融合""健全高等学校与行业骨干企业、中小微创业型企业紧密协同的创新生态系统，增强创新中心集聚人才资源、牵引产业升级能力"③；2019

① 贺星岳. 现代高职的产教科融合范式 [M]. 杭州：浙江大学出版社，2015：12，24.

② 李国和，闫辉. 澳大利亚TAFE模式研究 [J]. 中国职业技术教育，2017（09）：78.

③ 国务院办公厅关于深化产教科融合的若干意见（国办发〔2017〕95号）_政府信息公开专栏 [EB/OL]. （2017-12-19）[2022-04-06]. http://www.gov.cn/zhengce/content/2017-12/19/content_5248564.htm.

年国家发展改革委有关负责人就《国家产教科融合建设试点实施方案》答记者提问中明确指出："坚持政府主导，发挥市场作用，形成各方协同共进的工作格局。充分发挥城市综合承载改革功能，以城市试点为基础，突出城企校联动，统筹开展行业、企业试点。"①这些发达国家对高职院校产教科融合多发展过程中政校企作用的发挥给予高度关注，如德国出台的《联邦职业技术教育法》明确指出，双元制办学模式主体是企业与学校，此外强大的行会制度是德国高职院校产教科融合发展的重要保障，由此可见，政府、企业、行业、高职院校在德国高职院校产教科融合发展中承担重要的角色。英国政府在"三明治模式"建设中遵循"有所为有所不为"行为准则，"通过立法，确定企业在职业教育校企合作中的主体地位，企业全程参与职业教育的实施过程"，"教育行政部门、公共机构与民间团体机构加强合作，吸收社会、民间力量参与管理，提升校企合作的质量。"②澳大利亚政府通过成立国家培训总局保障高职院校、政府以及企业等治理主体间的合作，其中行业企业是澳大利亚高职院校产教科融合发展的见证者与积极参与者。

通过对我国与部分发达国家高职院校产教科融合发展过程中政校企作用的对比分析，可以发现我国和这些发达国家均非常重视发挥多元治理主体在高职院校产教科融合发展中的作用，其中政府在高职院校产教科融合发展中起到主导作用，行业企业全程参与高职院校人才培养。这些是我国与部分发达国家高职院校产教科融合发展中政校企作用的共同之处。在看到我国与这些发达国家高职院校产教科融合发展中政校企作用共同之处同时，亦应注意到其差异之处。与这些发达国家政府在高职院校产教科融合发展中营造较好外部环境不同的是，我国高职院校产教科融合发展政策法规亟待进一步完善，奖惩措施处在有奖无罚的尴尬状态。我国高职院校产教科融合中企业虽被相关政策明确为重要主体，但大部分只是浅层次参与高职院校人才培养过程，如在专业课程设置、人才培养方案制定、实习基地建设等方面发挥一定的作用，但在高职院校办学规范、高职院校管理等

① 国家发展改革委有关负责人就《国家产教科融合建设试点实施方案》答记者问_高校热点_教育频道_云南网[EB/OL].（2019-10-11）[2022-04-07]. http://edu.yunnan.cn/system/2019/10/11/030395401.shtml

② 贺星岳. 现代高职的产教科融合范式[M]. 杭州：浙江大学出版社，2015：12.

方面处于缺位状态。此外我国高职院校产教科融合中行业与这些发达国家高职院校产教科融合中行业在影响力与公信力存在较大的差距，当下我国高职院校产教科融合中行业权责尚待进一步明晰，其在我国高职院校产教科融合发展中促进作用也有待强化。

（二）部分发达国家高职院校产教科融合发展经验对我国的启示

我国与部分发达国家高职院校产教科融合发展环境有所不同，其根源在于我国与这些发达国家有不同的社会经济发展水平与差异较大的价值文化。目前我国经济体量虽占据世界第二的位置，但平均到个人，与这些发达国家有较大的差距。另外，与这些发达国家对高职院校教育认可度较高相比，当下我国民众对高职院校产教科融合的认可度较低，部分高职院校治理主体的参与可能是碍于情面或是政府指派，其自身参与高职院校产教科融合的意愿不强烈，即便参与高职院校产教科融合，其主体地位尚待强化。此外与这些发达国家对高职院校产教科融合发展经费投入比较充足相比，我国政府对高职院校产教科融合发展经费投入有限，再加上我国部分高职院校自身"造血"功能不足与相关企业合作水平较低，这使得部分高职院校产教科融合发展经费常"捉襟见肘"。部分发达国家高职院校产教科融合成功运作，为这些国家提供了大批高素质技术技能型人才，使这些国家社会经济得以快速发展，其产业品质保持在高位阶段。因此，我国应学习借鉴这些发达国家高职院校产教科融合成功发展范式，为构建具有中国特色的高职院校产教科融合发展范式提供营养。

1. 科学规划培养方式，制定我国高职院校产教科融合发展战略

为不断完善我国高职院校产教科融合人才培养方式，提升学生职业可迁移能力，保障我国高职院校产教科融合发展战略健康有序进行，多元治理主体应进行不同程度的探索与创新并进一步优化。面对我国高职院校产教科融合社会贡献度不断提升的事实，我国高职院校在产人才培养质量与服务区域社会经济能力存在的不足不应被漠视，这些负面因素已经影响我国高职院校产教科融合发展战略的实施，正如 2017 年的《国务院办公厅关于深化产教科融合的若干意见》（国办发〔2017〕95 号）指出："受体制机制等多种因素影响，人才培养供给侧和产业需求侧在结构、质量、水平

上还不能完全适应，'两张皮'问题仍然存在。"①2019年的《国家职业教育改革实施方案》进一步指出："与发达国家相比，与建设现代化经济体系、建设教育强国的要求相比，我国职业教育还存在着体系建设不够完善、职业技能实训基地建设有待加强、制度标准不够健全、企业参与办学的动力不足、有利于技术技能人才成长的配套政策尚待完善、办学和人才培养质量水平参差不齐等问题。"②此外我国高职院校产教科融合发展水平千差万别，如果采用"一刀切"方式来考核评价处于不同发展层次的高职院校产教科融合工作，会导致我国高职院校人才培养方式千篇一律，人才培养质量是参差不齐。依据当下实际状况，亟须改变我国高职院校产教科融合培养方式，因地制宜地制定我国高职院校产教科融合发展战略。

从这些发达国家高职院校产教科融合发展战略的经验而言，他们非常注重对高职院校产教科融合培养方式的科学规划，如德国双元制培养模式通过整体培养目标上的合二为一，借此最大限度发挥德国高职院校多元治理主体各自优势与条件，这样不仅使德国高职院校学生在实训范围中获得有价值的实践经验，又能通过在高职院校系统的专业知识学习，打下厚实的理论功底，培养敏锐的思维能力与科学的方法，能够快速适应毕业后的工作。③英国"三明治模式"非常关注高职院校学生核心能力的培养，这使得该国高职院校学生综合素质与核心竞争力不断增强，其社会认可度高已成为常态。澳大利亚TAFE培养模式通过"行业的高度参与，政府、各学院、各企业相互联系，紧连市场动向，实现了澳大利亚的劳动力需求与供给的有效结合，在数量和质量上实现了较好的匹配"④。由此可见，这些发达国家通过市场化操作，将高职院校多元治理主体紧密结合在一起，促进这些国家高职院校人才培养质量与其社会需求契合度的提升。

① 国务院办公厅关于深化产教科融合的若干意见（国办发〔2017〕95号）_政府信息公开专栏 [EB/OL]．（2017-12-19）[2022-04-07]．http://www.gov.cn/zhengce/content/2017-12/19/content_5248564.htm。

② 国务院关于印发国家职业教育改革实施方案的通知（国发〔2019〕4号）_政府信息公开专栏 [EB/OL]．（2019-02-13）[2022-04-07]．http://www.gov.cn/zhengce/content/2019-02/13/content_5365341.htm。

③ 黄艳. 产教科融合的研究与实践 [M]. 北京：北京理工大学出版社，2019：40.

④ 李国和，闫辉. 澳大利亚TAFE模式研究 [J]. 中国职业技术教育，2017（09）：79.

具体到我国高职院校产教科融合发展战略，与上述发达国家高职院校产教科融合发展成功运作相比，当下我国高职院校产教科融合发展战略尚处在起步阶段，其层次低、系统性差成为目前我国高职院校产教科融合发展战略的典型特征，因此我国应积极吸收这些发达国家高职院校产教科融合发展战略的成功做法，体现以高职院校学生为中心的高职院校人才培养指导思想，不断提升我国高职院校学生综合素质与核心竞争力，实现我国高职院校专业课程设置与所在区域经济需求高重合度，使我国高职院校多元治理主体间在培养方式方面形成合力，保障我国高职院校人才培养质量与服务社会能力在规范有序状态下走向成熟，形成体系化的高职院校产教科融合发展战略体系。

　　2. 完善专门法律，形成我国高职院校产教科融合法律体系

　　面对我国高职院校产教科融合蓬勃发展之势，政府不断出台相关政策法规加以扶持与监控，这使得我国高职院校产教科融合发展法律体系逐渐形成轮廓，为我国高职院校产教科融合发展外部环境营造作出较大的贡献。在看到我国高职院校产教科融合发展法律体系建设成绩同时，应注意到目前我国高职院校产教科融合发展法律体系并不成熟，其不仅存在政出多门导致内容歧义现象，同时内容的宏观性导致其在具体政策法规方面的缺失。这些负面因素的存在使目前部分高职院校产教科融合发展项目形式大于内容，实质性的高职院校产教科融合发展内容较少，部分高职院校治理主体只是充分利用现行高职院校产教科融合法律体系的漏洞牟取利益最大化。法律体系建设的缺位使我国高职院校产教科融合发展缺乏规范化指导，对我国高职院校多元治理主体的约束力大打折扣。此类状况的存在，必然会对对我国高职院校产教科融合健康可持续发展产生负面影响，逐渐成为我国高职院校产教科融合发展必须扫除的障碍。纵观部分发达国家高职院校产教科融合发展的经验，这些国家对高职院校产教科融合发展政策法规非常重视，如德国以《职业教育法》为职业教育法规的根基，政府"制定一系列与产教科融合、校企合作有关的法律法规，从 1981 年颁布的联邦《职业教育促进法》到 2005 年 4 月生效的新《联邦职业教育法》，使得职业教

育的法律体系得到不断丰富和发展"①。英国政府从 1956 年颁布《技术教育白皮书》到 2003 年出台《高等教育的未来》，该国形成了高职院校产教科融合"官产学"三位一体的法律法规体系。澳大利亚从 1974 年颁布《坎甘报告》到 1992 年出台《职业教育与培训资助法》，在此期间，澳大利亚高职院校产教科融合法律法规体系已经搭建完成，就业准入控制机制建设成为其中亮点之一。纵观这些发达国家高职院校产教科融合发展的法律法规，其能够较好保障所在国家高职院校多元治理主体的合法权益。我国高职院校产教科融合发展法律体系建设尚处于初级阶段，如 1996 年颁布的《中华人民共和国职业教育法》目前仍处在修改筹备阶段，我国高职院校产教科融合发展法律体系建设现状是系统性不足，此外相互衔接存在诸多问题，应加快吸收借鉴发达国家高职院校产教科融合发展法律法规建设经验，清晰界定我国高职院校多元治理主体间的权责关系，完善高职院校产教科融合知识产权保障体系，规范高职院校产教科融合中介服务组织的法律行为，构建高职教育行业执业资格制度框架体系，形成依托《中华人民共和国职业教育法》为根基、操作性强且相互衔接的高职院校产教科融合配套法律法规与监督体系，促进我国高职院校产教科融合法律体系建设进入良性循环轨道。

3. 健全配套制度，加强我国高职院校产教科融合发展正面引导

随着我国高职院校产教科融合发展配套制度建设不断完善，高职院校产教科融合在正面引导下健康有序发展，这使我国高职院校产教科融合发展规模与质量得到了提升，产教科融合发展环境得以进一步优化。在看到成绩同时，我国高职院校产教科融合正面引导仍有许多亟待破局之处，强化配套制度建设是当务之急。如《国务院办公厅关于深化产教科融合的若干意见》和《国家产教科融合建设试点实施方案》对规范我国高职院校产教科融合发展以及指明我国高职院校产教科融合行动方向的益处是不容置疑的，但这些文件不同任务需要不同部门执行，这可能会产生多头管理相互扯皮的现象。此外这些政策文件聚焦高职院校产教科融合项目化申报，对于高职院校产教科融合项目化后期评价监控投入不足，这有可能导致我

---

① 贺星岳. 现代高职的产教科融合范式 [M]. 杭州：浙江大学出版社，2015：21.

国高职院校产教科融合项目"重建轻评"现象的发生。再加上我国高职院校产教科融合发展水平千差万别，如果采用"一刀切"方式考核评价处于不同发展水平的高职院校产教科融合工作，会导致我国高职院校产教科融合发展方式千篇一律，使我国各类高职院校产教科融合建设出现"马太效应"。此类因素在一定程度上阻碍了我国高职院校产教科融合健康可持续发展，逐渐成为我国高职院校产教科融合发展亟待破除的困局。

从部分发达国家产教科融合发展正面引导的经验而言，这些国家非常注重高职院校产教科融合发展配套制度的建设，如德国通过颁布一系列法律明晰高职院校多元治理主体的权责，使不同治理主体基本权益得以保障。英国通过将"三明治教育"归入国家职业资格证书框架体系来保障高职院校产教科融合发展质量，通过成立专门的评价机构监督考核高职院校产教科融合发展状况。澳大利亚通过打造终身化与全民化的高职院校产教科融合制度体系营造外部氛围。这些发达国家通过高职院校产教科融合发展过程中制度化建设，实现以比较完整的制度体系正面引导这些国家高职院校产教科融合的发展。

对比这些发达国家已经建立比较成熟的高职院校产教科融合发展的配套制度体系，我国虽已出台了部分高职院校产教科融合发展配套制度，但总体仍处在初步探索阶段，系统化不足，尚未构建完整的高职院校产教科融合发展配套制度体系。为此，我国应吸取这些发达国家高职院校产教科融合制度建设经验，在机构上建立国家、地方层面的专门高职院校产教科融合管理机构，从制度层面清晰界定多元治理主体开放式背景下的权责关系。通过建立完善我国企业内职业教育培训制度与打造我国国家资历框架破解我国高职院校产教科融合发展中的职业资格标准与就业准入制度等问题，完善我国高职院校产教科融合的管控系统与考核管理机构，规范我国高职院校产教科融合发展的稳定性与实效性，以"项目制"优化我国高职院校多元治理主体间深层次合作的环境，使职业教育的市场化、终身化、全民化成为提升我国高职院校产教科融合发展水平的平台。

4. 拓展政校企合作空间，提高我国高职院校多元治理主体融合度

政校企作为高职院校产教科融合重要治理主体，其关系如何决定着是以"同床异梦"状态出现，还是以"命运共同体"方式呈现。目前，我国

高职院校多元治理主体间的关系已从浅层次融合向较高层次融合过渡，我国高职院校产教科融合发展质量与发展趋势表现出较好的态势。但我国高职院校多元治理主体间的关系仍处在浅层次阶段，如我国高职院校虽然成立了高职院校董事会理事会、高职院校专业指导委员会、高职院校职教集团等机构，但这些机构在部分高职院校产教科融合发展过程中没有发挥应有的作用，甚至可以说是徒有其名。这些状况严重影响了我国高职院校多元治理主体参与激情，成为我国高职院校产教科融合发展亟待破除的困局。

纵观部分发达国家高职院校产教科融合发展经验，这些国家对高职院校多元治理主体融合度建设方面投入较大的精力。如在德国，作为主管高职院校产教科融合工作的机构，行业协会不仅参与了高职院校产教科融合发展前期规划和实施，同时承担对高职院校产教科融合效果的监督与评价，它在高职院校产教科融合发展中的地位举足轻重。在英国，政府在高职院校产教科融合发展过程中承担引导与监控的角色，行业协会享有政府职教立法的建议权以及制定职业资格标准的主导权，高职院校与相关企业是高职院校产教科融合重要的治理主体。达国家高职院校多元治理主体的各尽其责，保障了这些国家高职院校多元治理主体间的共生共荣。

对比这些发达国家高职院校多元治理主体高融合的经验，我国高职院校多元治理主体间关系显得比较粗糙，有些治理主体间关系并不牢固，虽然国家出台了一系列法规政策明确多元治理主体间的权责关系，但缺乏明晰化的界定，这使得我国高职院校多元治理主体的权益受到侵害，参与激情受到了打击。为此，我国高职院校多元治理主体融合度提升应借鉴发达国家的经验，在此过程中，政府不仅要真正赋予高职院校、行业、企业等在我国高职院校产教科融合发展中治理主体地位，同时要承担我国高职院校产教科融合发展过程中所需要的政策、资金、组织机构以及舆论营造等责任。对于企业而言，其要深度参与到我国高职院校产教科融合全过程，不仅要在专业课程设置、人才培养方案以及实训基地建设等方面有所作为，同时应该在师资队伍建设、高职院校教学管理、质量监控等方面发挥应有的作用。对于行业组织而言，我国行业组织应全程参与我国高职院校产教科融合，对我国高职院校产教科融合发展成效进行监督与评估，充分发挥其在高职院校、政府、企业三者间监督协调作用。对于高职院校而言，要在尊重高职院校办学自主权和高职院校章程基础上，不断提升我国高职院校自身办学实力与社会影响力，激发其他治理主体参与高职院校产教科融合的意愿，推动我国高职院校多元治理主体步入和谐共生的产教科融合之路。

第三章　产教科融合过程中高职大学生思想政治教育研究的基本问题

高校与行业企业制定产教科融合人才培养模式是我国高等教育优化改革的必然趋势和总体要求,是满足新时代社会主义经济建设发展对应用型复合人才需求的重要途径。高校思想政治教育基于产教科融合背景开展人才培养工作的创新探索,是完善高校思政教育体系的关键环节,对促进高校思想政治教育人才培养具有针对性,强化新时代条件下立德树人培养质量具有十分重要的现实意义。产教科融合是一种以创新为核心的人才培养模式,基于产教科融合背景下的高校思想政治教育应重点在于优化思政教育与产业需求的结构性矛盾,对产教协同育人链进行重构,通过集成化和共享化的政校企行协同育人框架,拓宽人才培养空间,形成教育资源合力。因此,思想政治教育要积极适应时代发展,改进教学方式,将思想政治教育融入产教科融合的全过程。

一、思想政治教育融入产教科融合过程中的可能性

新时代,中国高等教育立德树人工作面临新境遇、新诉求、新挑战。"立什么德、树什么人"是思想政治教育亟待解决的问题,也是我国高校的根本任务所在。2016 年 12 月,在全国高校思想政治工作会议上,习近平指出:"要用好课堂教学这个主渠道,思想政治理论课要坚持在改进中加强,提升思想政治教育亲和力和针对性,满足学生成长发展需求和期待,其他各门课都要守好一段渠、种好责任田,使各类课程与思想政治理论课同向同行,

形成协同效应。"① 习近平的这一论断明确了新时代对思想政治理论课和其他各类课程提出的要求，为高等院校思想政治教育工作指明了方向。课堂是大学生接受知识教育和价值观教育的主渠道，一直以来，大家普遍认为：思想政治理论课（以下简称思政课）是承载知识教育与价值观教育双重维度的课程，其他课程不分担价值观教育的责任，因此，对大学生进行价值观教育的重担自然而然地落到了思政课的身上。高校的其他各类课程也具有育人功能，同样具有丰厚的思想政治教育资源，专业课教师在教育教学过程中将这些潜隐的思想政治教育资源挖掘出来，使大学生在接受知识教育的同时，受到价值观的熏陶和洗礼，即课程承载思政、思政寓于课程，成为新时代提升大学生思想政治教育实效性的一剂良药，必须一以贯之地长期坚持下去。随着产教科融合在高职院校办学中的深入实施，人才培养模式、方式、形式发生一系列变革，也对高职院校开展课程思政带来新挑战。我们要按照习近平同志 2016 年 12 月在全国高校思想政治工作会议上的重要讲话提出的"因事而化、因时而进、因势而新"总要求，以健全职业素养考核为突破来提升课程思政在产教科融合办学中的功能地位，以创新内容形式为重点来实现专业教育与思政教育同向同行，以产教科融合型企业为新载体来构建课程思政育人共同体，全面促进高职院校课程思政高质量发展。

（一）思想政治教育与产教科融合的关系

1. 思想政治教育与产教科融合的共性

对于高职院校的思想政治教育和产教科融合来说，二者虽然是不同的教育方法，但是二者仍然存在许多的共同之处。一是在教育形式上，二者都是将理论和实践进行了有效的结合，然后开展一系列的教育活动；二是教育对象都是高职院校的学生，必须要以学生为主体来开展理论教育和实践教育活动；三是教育目标都以培育人才为最终目标，同时还要提高学生的综合素质，让学生能够获得全面的发展。

---

① 习近平在全国高校思想政治工作会议上强调：把思想政治工作贯穿教育教学全过程　开创我国高等教育事业发展新局面 [N]. 人民日报，2016-12-09.

2. 思想政治教育与产教科融合的个性

虽然上面讲述了二者的相似之处，但是这并不代表二者是相互包含的关系。二者各自拥有各自的教学特点，必须要相互依托，依靠思想政治教育的理论内容去支撑产教科融合发展，而思想政治教育的发展也需要产教科的支持，不能简单地将二者合并，而是要相互促进，把院校的办学理念和企业管理理念融合为一体，完善思想政治理论课的具体内容。

（二）产教科融合对高职院校的重要性

产教科融合将高职院校技术技能型人才的素质养成、技能训练等同行业企业紧密联系起来，学校根据所设专业，把产业与教学密切结合，相互支持、相互促进，形成学校与企业浑然一体的办学模式。产教科融合本身就是高职教育最本真的价值追求。

一方面，产教科融合有利于优化高职人才培养模式。高职院校主要为社会发展提供高素质的技能型人才，只有培养的人才符合社会需要，高职院校的人才培养质量和办学特色才能被认可。在高职教育教学、人才培养的整个过程中进行产教科融合，更好地利用多方资源，满足行业企业需求，对接产业发展，以行业企业为依托，实现学校、企业的无缝对接和学校科研成果的转化，提升人才培养的质量。学生也能将理论付诸实践，在实践中加深对理论的理解，增强其应用知识和解决实际问题的能力。

另一方面，产教科融合有利于促进企业产业升级。高职院校可为企业的产业升级转型和行业发展提供科研和服务支撑，通过产教科融合，企业可以获得发展所需的高技能人才。同时，在深化产教科融合的过程中，不仅能降低校企双方的运行成本，还能够实现双方利益最大化，使行业、企业的员工能力素质得到提升，并在科技、信息等方面得到实惠。这样，校企协同育人将达到双赢，并形成良性循环，使校企资源实现有效的融合和转接，促进产教科融合从松散走向紧密，进而带动当地经济结构的调整，更好地推动区域经济社会发展。

（三）课外科技活动对大学生思想政治教育的作用

大学生课外科技活动是指大学生群体在国家有关部门和学校的组织引导下，依靠教师的指导帮助，利用课余时间自主开展的一种科技学术活动，它兼具学术性和科技创新性两种特性，构成了高等教育领域学术活动和大学校园科技活动的重要内容。大学生课外科技活动兼具学术性和科技创新性两种特性，但其最独特的基础特征则是其教育性，它对大学生思想政治教育的世界观教育、人生观教育、道德观教育、创造观教育和人格教育等都有很好的促进作用，因而具有很强的思想政治教育功能。

1. 大学生课外科技活动的世界观教育功能

科学精神是大学生从事科技工作时应该所具备的基本精神。大学生课外科技活动不仅提高了大学生对"科技是第一生产力"的正确认识，而且还培养了大学生实事求是的科学精神和严谨的科学态度。

首先，在课外科技活动中，大学生需要运用严格的科学方法进行实验，理性正确评价科学实验结果，排除先入为主观念和假象的影响，通过科学实验，去检验理论和学说，实验本身的重复性有利于排除认识主体特性的干扰有效地辨别伪科学，旗帜鲜明地反对歪理杂说。这种实证精神就是坚持辩证唯物主义真理观。

其次，在课外科技活动中，大学生不能沉浸于功利上的满足，更不能被感性或经验性的认识一叶障目，而是要把探索客观规律作为科学探索的崇高目标，在探求自然现象的内部规律，寻求真理性中，不断将自我感性认识上升为理性认识，有了这种诚挚的信仰，才能避免科学研究中重功利的倾向。这种理性精神就是坚持辩证唯物主义认识论。

最后，大学生在课外科研活动中充分尊重研究对象的客观规律和客观实在性，不仅清醒认识到科学理论是客观物质世界及其规律的反映，还自觉避免主观臆断对科研活动的影响，坚持客观精神就能辨别并反对伪科学，克服唯心论对科学的影响，减少对违背客观规律的压力或无理要求的屈从，从而使人持之以恒地追求科学真理。这种客观精神就是坚持辩证唯物主义物质观。

2. 大学生课外科技活动的人生观教育功能

人们在选择和追求人生发展的过程中，价值观有先进与落后、自觉与盲目、正确与错误等差别。社会主义价值观是一个丰富的思想体系，包含许多方面的具体内容和层次，其核心内容和最高原则就是为人民服务。科技转化为生产力所带来的体验使得更多的大学生在从事课外科技活动的过程中，比不参与课外科技活动的同龄人更及时、更生动、更坚定地树立了为人民服务的信念。马斯洛的需要层次理论显示，自我超越和自我实现是人的需要中高层次的需求。"当青年人的内心世界日益丰富起来的时候，尤其是受过良好教育的那部分青年人，就可以有意识也有热情进入社会的公共领域，去寻找自身（发现自身），表现自身（证明自身）。"① 在实践中，保持这种良好精神状态，大学生就可以较好地发挥自己的主观能动性，使大学生为人民服务、为社会服务的教育过程得以协调可持续的发展。

此外，课外科技活动都是处于一定的社会文化背景之中，受一定的价值观念影响的，这种价值观念对大学生选择什么样的科技创新内容和活动方式，起着潜移默化的导向作用和制约作用。通过参加课外科技活动，大学生对科技创新素质养成需要经过长期锻炼和培养有了更深刻的认识，他们只有始终保持顽强的斗志和坚定的信念，才能经受住困难的考验；只有自觉在艰苦奋斗中锻炼自己，才能提高自身综合素质。这将有助于大学生树立正确的人生观和价值观；有助于大学生将个人成长和社会进步与发展有机结合起来；有助于大学生将自我价值和社会价值统一起来；有助于大学生在为实现崇高理想而学习、创造和奉献的过程中，实现自身的人生价值。

3. 大学生课外科技活动的道德观教育功能

大学生课外科技活动的根本目的是提高大学生科学文化素质，思想政治素质和科学文化素质是紧密联系、互为条件的，科学文化素质的提高是思想道德素质提高的前提条件，一定的科学文化素质是提高思想道德素质的智力基础，而高尚的思想道德素质也是提高科学文化素质的必要条件，它既规定着科学文化素质的发展方向，也为科学文化素质的提高提供强大的精神力量。著名教育家斯宾塞曾说："科学不只在智慧训练上是最好的，在道德训练上也是一样。"② 所以，大学生课外科技活动具有很强的道德观教育功能。不少大学生反映当前大学生思想政治教育课堂教学不生动，授课形式太过单调，内容不够丰富，所以效果不佳。究其原因，主要还在于理论与实践不统一，无法从本质上得到学生的广泛认同。大学生在课外科技活动实践过程中，尤其是参加"挑战杯"等高水平科技竞赛活动，通过

① 徐中振. 志愿服务与社会发展 [M]. 上海：上海三联书店，1998：276.

② [英]赫·斯宾塞. 教育论：智育、德育和体育 [M]. 北京：人民教育出版社，1962：39-40.

进入企业、其他高校，结交不同科学文化素质的学子，学习别人的长处，体会社会的科技需求，掌握专业知识在生活中的应用，可以得到很多道德体验学习，印证了"纸上得来终觉浅，绝知此事要躬行"。通过参加课外科技活动，大学生才能对道德信念、道德理想以及道德修养的意义体会更加深刻。此外，大学生在道德规范的认识学习和具体道德行为过程中，对道德价值的情感体验过程通常被认为是大学生道德教育体验性学习，它的最终目标就是要形成坚定道德信念。大学生思想政治教育如果要丰富学习者的生命底蕴、提升生命层级，就必须借助体验，学生课外科技活动其实就是个体道德实践的体验过程。在实践过程中，大学生可以体验相互尊重、精诚合作、协同创新等带来的成功喜悦，从而培养道德信念。通过大学生课外科技活动，能够养成良好的科研道德，尊重他人的科研成果，自觉抵制各种学术腐败现象，善于打破常规探索新经验和新方法。体验过程中，让大学生真实体会到所学知识在实际生活中的具体应用，体会到科技转化为生产力后对服务社会的益处，使他们更加珍惜时光，尊重科学，提升道德价值判断力，培养大学生形成正确的道德信念。

实质上，开展大学生课外科技活动是一种通过道德实践把社会和学校道德教育的内容转化为个体道德活动的外在形式；是大学生对高等教育道德意识活动预期目标进行身体力行进而发展和完善自我，服务和回报社会的"有形活动"。

4. 大学生课外科技活动的创造观教育功能

第一，课外科技活动激发了大学生的创新意识。创新是一种思维，教会大学生怎样用马克思主义的世界观和方法论去寻找问题、解决问题至关重要。实践表明，我们通过开展课外科技活动，可以吸引大学生主动地开展研究和创造，有效培养大学生的创新意识。在大学生参与课外科技创新活动的训练过程中，他们已经抛弃了过去被动接收信息的情况，转而在教师指导下主动学习。大学生课外科技活动的有效推进，激发了大学生内在的学习动力与积极性。大学生不仅是被教育的主体，更应当是科学探索的生力军。学生完成了从"学会"到"会学"的转变，进而从参与科研取得成功的过程中，得到心理上的满足，进一步激发自己参与科技创新活动的好奇心和创造力。

第二，课外科技活动增强了大学生的创新体验。大学生课外科技活动具有互动性和体验性的特点。实践证明，仅仅通过课堂学习教材上理论性的知识，大学生创新意识和创造能力很难得到实质性提高。认知心理学的研究认为，学习是一种以已有的经验为依托，通过外界的各种因素相互作用来建构新认识的过程。学生在参与课外科技活动中，主要是通过互相学习、互相启发、不断试错而得到最后成果的，大学生创新体验为他们带来的认知进步，已完全超越了单纯参加活动的本身，这其中最重要的是，大学生的各种创意都能够在实践活动中得到实践的检验，使他们在得到创新体验的同时，学会实事求是，真正做到不仅要"仰望星空"，还要脚踏实地。如"挑战杯"等大学生课外科技活动，恰好符合了培养大学生成长成才的需要，它用丰富活泼而有效的形式，不断激发大学生科学探索的主观能动性，使学生用矛盾论去探求解决问题的方法，增强大学生敢于面对困难的勇气，这也是大学生思想政治教育的重要内容。

第三，课外科技活动培养了大学生的创新能力。大学生在参加科技宣传和科技实践过程中，会遇到许多目前在科技领域悬而未决的难题，这能极大地激发大学生的好奇心和求知欲，将会促使他们认真思考并努力寻求解决问题的方法，从而激发大学生研究问题的兴趣和创新的欲望。大量实践证明，大学生课外科技活动可以使大学生灵活运用专业知识，富有创造性地解决问题，在理论与实践结合的同时，提升实践和操作能力。此外，还可以促进和提高大学生的观察和联想能力，进而有效提升大学生独立思考和创新能力，以便更好地适应未来职业角色的扮演，激发他们追求科学、追求真知的决心。实践证明，大学生的应变素质、创新意识、创造能力、创新精神是在不断地解决问题和积极主动地参与过程中得到培养和提高的，大学生课外科技活动是培养大学生创新能力的有效途径之一。

5. 大学生课外科技活动的人格培养功能

大学生课外科技活动的人格教育功能，主要表现在它有利于激发大学生崇尚科学、追求真知的精神，有利于大学生严谨求实和自强不息作风的培养，有利于大学生百折不挠的心理素质锻炼。大学生课外科技活动是大学生良好人格在自我教育过程中不断发展和完善的重要途径，在此过程中，可以促使大学生挖掘自身潜能，不断提升自己战胜困难的勇气。此外，他们也会逐步培养自己坚忍不拔的意志、任劳任怨的作风和自强自立的精神，从而更好地迎接挑战和适应社会。

大学生参加课外科技活动需要具备良好的心理素质，尤其是前人未涉及的领域的研究工作更需要长时间的艰辛探索。在探索的过程之中，大学生需要敢于面对挫折与失败，以持之以恒的毅力和良好的心态，另辟蹊径，不断研究，大胆探索，最终才有可能攀登到达科学的巅峰。事实上，大学生参与科技活动的过程，就是不断自我否定和自我完善的过程，也是自我调整，不畏挫折，不断成长的过程，这极大地提高了大学生心理素质。

此外，课外科技活动还培养了大学生良好的人文素质。人文素质是指大学生应具备的基本品质和基本态度，包括按照社会要求正确处理自己与他人、个人与集体、个人与社会、个人与国家，乃至个人与自然的关系。人文素质的基础性，决定了其较大程度地影响和渗透于其他素质的形成与发展过程。人文素质对大学生综合素质提升的促进作用，不仅表现在大学生心理素质、专业素质和道德品质素质的不断提升上，还表现在大学生个人正确价值观的树立以及民族精神的培育和思维方式的改善等方面。归根结底，人文素质的培养还是需要大学生在社会实践与生活锻炼中自觉把握和主动养成。

二、思想政治教育融入产教科融合过程中的必要性

事实上，思政课应该是一门充满着理论光辉和实践价值的启发性课程，对于帮助青年大学生以科学理论武装头脑、指导行为起着不可替代的作用。[①]"全部社会生活在本质上是实践的。"[②]思想政治教育本身也是一门目的性很强的实践活动，主要表现为时刻关注社会发展，指导学生解决社会实际问题。思想政治教育的实践性揭示了它与实践结合的无限潜力，它贯穿产教科融合的合理性与必要性。

---

① 王天泽，马涛. 思想政治理论课建设坚持理论性与实践性相统一论析 [J]. 思想教育研究，2020（07）：94.

② [德] 恩格斯. 路德维希·费尔巴哈和德国古典哲学的终结 [M]. 北京：人民出版社，2018：62.

（一）产教科融合是大学生思想政治教育创新发展的要求

产教科融合是高等教育、职业教育融入国家创新体系建设的关键环节，也是教育改革的重要机遇。随着社会经济的迅猛发展和产业结构的调整，对复合型人才的需求更为急切。产教科融合在教育界崭露头角，其与思想政治教育的融合与渗透也是全方位、全领域的。学校与企业联合培育人才，为思想政治教育创新发展创造了得天独厚的条件。主要体现在以下三方面。

第一，思维方式之新。思维方式指的是"一定时代人们的理性认识方式，是人的各种思维要素及其结合，按一定的方法和程序表现出来的相对稳定的定型化的思维样式，是主体观念的把握客体，即认识的发动、运行和转换的内在机制和过程"①。人的思维方式受时代发展的影响，是社会主体对客体形成的知识性掌握。新时代伴随着校企联合育人的高度融合，思想政治教育需要秉承发展的理念，不断创新思想政治教育的思维方式以应对新的问题、新的挑战。产教科融合推动思想政治教育从系统性、整体性、开放性的角度来认识和把握思想政治教育。整合学校和企业的思想政治教育因素，使其有序运行。鞭策思想政治教育主体打开眼界，顺应时代发展趋势。

例如，科学发明、创造、制作等活动让大学生在科技实践活动中树立实事求是的科学态度，一切从实际出发，尊重事实，尊重科学，不迷信，不盲从，能够运用联系的观点、发展的观点、全面的观点观察问题和分析问题，防止片面化和绝对化，就能掌握正确的思维方法，并运用它去处理问题，研究问题。

第二，育人方式之新。思想政治教育与社会的发展密不可分，它的形成和开展都是在科学理论和党的指导下进行的。思想政治教育是我们党的优良传统，也是我们党在不同历史时期克敌制胜的法宝，在我们的一切工作中处于"生命线"的重要地位。在新的发展历程中，教育也要始终坚持以马克思列宁主义、毛泽东思想、中国特色社会主义理论体系和习近平新时代中国特色社会主义思想为根本指南。马克思在《资本论》中谈到未来教育时，提出智育和体育要和生产劳动充分结合，这样才能促进人的全面发展。产教科融合拓展了思想政治教育的第二课堂，促使高校育人更有说

---

① 李秀林. 辩证唯物主义和历史唯物主义 [M]. 北京：中国人民大学出版社，1990：268.

服力、更有感染力、更有凝聚力。使高校在遵循教学规律、学生发展规律、社会发展需求的基础上，优化思想政治教育的教学方式。让大学生深入企业，感知社会实情，充分发挥大学生的主动性，使思想政治教育更有活力。

产教科融合，有助于拓展大学生的心理健康教育。开展大学生科技创新活动，有助于培养大学生健康积极向上的心理状态，因为在科技创新活动中，合理充分地安排各种科技创新活动，丰富大学生的课余文化生活，不致使大学生产生空虚寂寞的心理。在科学实践的过程中学会"归因"，从而教会大学生理解各种失败的真正的原因，而不会因为不会"归因"，从而导致心理偏执进而影响心理健康。大学生在参加科技创新活动的过程中，由于要得出科学研究结果，这就要求大学生客观地面对数据、事实等才能得出反映客观事实的结论。并且这种数据的得出需要经历多次的失败才能达成。也就促进了学生在心理"归因"方面逐渐成熟。为培养他们的抗挫能力创造良好的契机。

第三，育人氛围之新。思想政治教育是一个潜移默化的过程。传统思想政治教育局限于课堂教学和课堂的情境中，教育主体拥有绝对的权威。产教科融合推动思想政治教育从课堂走入企业，从理论走入实践，揭开了它神秘的面纱，极大地开阔了大学生的视野，满足了大学生对社会的向往和自身发展的感性需求。在学校与企业协同育人的过程中校园物质文化环境更新，使课堂教学和校园硬件基础设施有了新的升级；校园精神文化环境更新，使教育更加有亲和力；企业育人方式更新，能让大学生在春风化雨的实践中熏陶感染思想政治教育的价值意蕴。

校园文化是大学生能够感受到的一种直观的精神文化，而且校园文化具有渗透性，参与性。首先，鼓励教师开展科技伦理教育专题讲座和研讨会，或选择对生态环境影响较大的科技案例和播放保护生态环境题材的影片，由教师主讲并组织学生讨论，使科技伦理教育在学生争辩中、在生动的视听效果中达到潜移默化的目的；其次，鼓励学生自发组织科技活动，参加科技竞赛。无论是由学校组织的科技活动或是科技社团组织的科技活动，都能够召集大量的学生参与。鼓励学生参加科技知识竞赛，并在学校定时举办科技知识竞赛，对获奖者予以较高的奖励，以逐渐形成一种崇尚科技的校园文化，不仅能够提高学生的学习动力，而且在无形中也增强学生的科技伦理素质。

（二）产教科融合是提升大学生思想政治教育实效性的重要方式

研究大学生思想政治教育的实效性，就一定得弄清楚何谓时效性。"讲实效性一般涉及两个维度，一是短时间内取得更多的成果，即所谓低成本、高效率；二是成果必须合乎目标价值。"[1] 提高思想政治教育的实效性，就要多从这两个方面着手。产教科融合为思想政治教育的开展开拓了新的视野，对思想政治教育实效性的提升有很大的贡献。

第一，通过渗透式的教学方法，提高思想政治教育的实效性。思想政治教育把教育目标串起来，与其他学科相互融合，以点带面，是提高思想政治教育实效性的有效途径。学校思想政治教育更偏向约束和管教，缺少吸引力、亲和力，学生与思政课之间有间隔。把思想政治教育融合在实践中，可以潜移默化地加深大学生对思想政治教育的理解和认可，避免了生硬说教，提高了教育活力。结合教学目标和思想政治教育内涵，充分挖掘企业的思想政治教育因素。如通过企业实践，培养大学生吃苦耐劳、不畏艰辛的劳动精神；通过宣传企业杰出人物事迹，引导大学生树立刻苦钻研，追求真理的科学态度；通过企业文化的学习，激发大学生潜心钻研的意志、精益求精的工匠精神等。把思想政治教育渗透教育的全过程，增强了教育的灵活性，提高了教育的实效性，也为思政教育下一步发展开辟了新的思路。

第二，通过把握认识逻辑，提高思想政治教育的实效性。人类的认识发展规律是认识—实践—再认识—再实践—再认识的过程。思想政治教育也是这样一个认识发展的过程。学校的理论教学就是认识的过程，通过教师的理论教授，让大学生快速、牢固掌握相关的理论知识。再认识其实就是内化的过程，将理论知识内化为情感的认同，这样思想政治教育才能化为一种精神力量，才能对大学生起到鼓励、约束的作用。在产教科融合的背景下，大学生进入企业实践，面对多元的文化和多样化的价值观，能更好地理解育人为本、德育为先的重要性。再认识也是一个心理活动，产教科融合能提供实践场所，大学生可以直接将自己的认识外化为实践，在实践中不断检验思想政治教育的真理。通过认识—实践—再认识—再实践，

---

[1]　熊伟荣. 提高德育实效性的重新审视 [J]. 教学与管理，2015（34）：19.

不断提高思想政治教育的实效性。

第三，通过增强实践中的思想政治教育，提高思想政治教育的实效性。立德树人是教育的根本任务，关于"德"的培养是高校教育工作中的重点任务和目标。"任何教育活动都需要一定的载体或路径才能实现。思想政治教育活动也不例外。"[①] 思想政治教育载体就是为提高大学生的思想道德素质选择一定的教育形式开展的教育活动。思想政治教育本身就具有很强的实践性，综合素质是学生在各种经历、体验中养成的。产教科融合是对思想政治教育的有力补充，弥补了实践教学的缺位。大学生带着已有的理论知识进入企业，在企业实践中不断加深对思想政治教育理论的情感，克服了教育的形式主义。企业带队老师的实践躬行，增强了教育的说服力，拉近了与大学生的距离，引导大学生身体力行。在实践过程中不断检验思想政治教育的真理，既提高了大学生的专业技能，也提高了应对各种环境的心理素质。在实践中融入思想政治教育，这样更容易拉近思想政治教育与生活的距离，更容易提高思想政治教育的实效性。

（三）产教科融合是提高大学生综合素质的有效途径

当今社会信息瞬息变化，技术的更新也只是一瞬之间。为了更好地适应社会的发展，大学的教育必须具有长远的发展眼光。高等教育的目标就是培养德智体美劳全面发展的社会主义建设者和接班人。促进人的全面发展，就必须在增强综合素质上下功夫。根据大学生自身的发展阶段与层次，可以分为基础素质、发展素质和创新素质。产教科融合过程中开展大学生思想政治教育对于综合素质的提高具有关键的作用。

1. 夯实基础素质

基础素质是大学生适应社会生活必须具备的素质。一个人要想更好地融入社会生活，就必须有崇高的理想信念，必须有积极健康的精神状态，必须具有扎实的专业知识，必须遵守道德规范和法律法规。基础素质是每个人发展必备的条件，只有具有良好的基础素质，才能明确自身前进的方向，才能不畏困难，积极进取，不断发展和完善自己，才能更好地做好本职工作，才能建设好社会主义法治国家。但企业难以独立承担大学生基础素质教育，

---

① 吴巧慧. 应用型高校思想政治教育实效性探究 [J]. 思想理论教育导刊，2015（06）：107.

基础素质教育的主阵地还是学校，还是要依靠思想政治教育。思想政治教育的根本目的就是培养有理想、有道德、有文化、有纪律的社会主义新人。教师上好思政课，高校努力做好思想政治教育工作，这是夯实大学生基础素质的重要一步，也是最为关键的一步。这主要包括：第一，要注重知、情、意、行素质的统一，特别是要追求认知与情感的平衡、道德判断力的提高、自由精神的弘扬和实践。第二，要追求科技时代条件下人、自然、社会三者相互有机融合、和谐统一发展。第三，要培养高度的科技伦理精神，帮助大学生树立正确的科技价值观和科技职业道德，促进大学生人文素质与科学精神的双重发展。

2. 提高专业素质

专业素质是大学生进入社会后，无论从事什么行业，都能较好胜任专业工作的素质。一个人要想胜任好本职工作必须要有强烈的责任感、职业精神、接受社会变化的心理素质和重视学习的态度。大学生在产教科融合的实践过程中时，这些精神素质既会在实践中得到考验，也会在实践中受到挑战。只有将思想政治教育贯彻产教科融合的全过程，及时掌握大学生的思想动态，才能针对性地开展思想政治教育，更好地解决思想上存在的问题。目前，我国经济处在一个高质量发展阶段，技术不断革新，新的工作方式，生活方式等层出不穷。将产教科融合理念与思想政治教育相结合，时刻提醒大学生学习是一项终身任务，无论身处何时何地，学习都是一项不可忽视的重要任务，这对于专业素质的提高有重要作用。

3. 激发创新素质

"创新是一个民族进步的灵魂，是一个国家兴旺发达的不竭动力，也是中华民族最深沉的民族禀赋。"[1]实际上，思想政治教育具有一定的前瞻性。思想政治教育按照一定的标准，用某种高于实际，超越现实的道德理想，去引导人的行为，去塑造人。大学生在进行思想政治教育时，既要学习基本理论知识，也要学会如何将思想政治教育跨越理论，如何解决思想政治教育与现实存在的弊端，从而作出创新思考。这是一场从无到有的创造过程，引导大学生致力于思考未来，从而促进他们创新思维的发展。任何一种理

---

① 习近平. 习近平谈治国理政 [M]. 北京：外文出版社，2014：59.

论都需要通过一定的载体才能进行，企业实践就是一种新的载体。大学生通过产教科融合，将思想政治教育理论课学到的创新思考的方式用在实践中，指导自己在实践中也不断追求创新，从而促进了实践技术的创新。

（1）创新教育理念

除坚持以马克思主义为根本指导外，教育主体要具备真正"科学"的思想政治教育理念，要对科技的"双刃剑"作用，科技霸权所带来的负面效应和后果，形成辩证而又清晰的正确认识。教育主体要真正确立对科技趋利避害的理念和思想，不断提升自身在科技时代的国际眼光、全球视野、创新精神、文化素养、新型人才观念。。

（2）创新教育内容

要加强科技伦理道德教育，包括环境伦理道德教育、生态伦理道德教育、网络伦理道德教育、生命伦理教育、全球伦理教育等，引导大学生以强烈的社会责任感把握专业活动的方向。

（3）创新教育方式

①实践对话的方式。走出当前思想政治教育中盛行的功利主义与科学主义的迷宫，通过对话的方式，有利于引导大学生进行道德选择和创造，有利于促进双方视界的开放和融合，精神世界的扩大，人生经验的增长，生生不息的有价值的意义世界的建构。科学的思想政治教育对话方式，应当具有开放性、启发性、反思性、生成性、相互理解性等特征。

②实践交往的方式。现代科技的发展，使得诸多问题必须由全人类携手一致、共同解决，这就提出了在思想政治教育中培养学生全球交往意识的迫切需求。科学的思想政治教育交往要义包括：教师与学生之间要进行正确交往；教师要引导学生进行个人与社会的正确交往，以实现社会全面发展与个人全面发展的统一；要引导学生进行理性的网络交往，防止道德相对主义和虚无主义；要引导学生在交往中把认知与情感结合。

③实践体验的方式。学校思想政治教育从远离学生生命世界的迷局中走出来，回归学生的真实生活，是生活科技化时代体验主题之必然需求。体验式思想政治教育的要义在于：要以学生在生活体验中领悟、认同和践行道德作为自身行为方向；贴近现实和生活，用丰富的知识和思想政治教育素材作为体验活动的铺垫，将体验活动和学生内心的道德需求相结合，

增强体验的实效性；创造机会和条件促进师生共同的道德体验，实现双方德性共同提升。

（四）更好发挥思想政治教育对产教科融合的引导作用

产教科融合既增强了教育的社会服务效力，也提高了大学生的实践动手能力，还为企业注入了新鲜的活力。这是一项复杂的、系统的、长期的工作，需要统筹全局，协调多方。但无论教育如何改革，产教科融合以何种方式开展，都必须坚持社会主义性质的办学方向，必须坚持把立德树人放在首位。思想政治教育是指导人形成正确思想的学科，把思想政治教育融入产教科融合的全过程，可以为产教科融合提供正确的导向。

第一，坚持正确的政治方向。教育法规定：国家在受教育者中进行爱国主义、集体主义、社会主义等的教育。这是国家对教育的要求，也是思想政治教育的重要内容。这些内容单靠产教科融合是无法有效开展的，必须把思想政治教育融会贯通在产教科融合的全过程。只有政治方向明确了，大学生的人生目标才更清晰，才能走好人生的每一步。在产教科融合过程中开展大学生思想政治教育一定要坚持正确的政治方向不动摇，把马克思主义理论应用到企业的实践教学中。企业中的文化思想更加多元，面对这个局面，更要紧紧把握意识形态的领导权，占据思想高地，加强大学生思想政治教育，加强社会主义核心价值观的培育，培养具有中国灵魂，中国精神的人才。思想政治教育为产教科融合指明了政治方向，就是要根据市场经济的发展，把握思想政治教育规律，把握教书育人规律，把握正确政治方向，坚持立德树人，为中国特色社会主义事业发展培养一批政治立场坚定的高素质人才。

第二，坚持正确的教育方向。产教科融合要坚持智育劳育相结合的理念。习近平在全国高校思想政治工作会议上明确提出，高校要重视和加强第二课堂建设，要"重视实践育人，坚持教育同生产劳动和社会实践相结合，广泛开展各类社会实践"[①]。这是中国特色社会主义面对新形势、新变化，对我国教育事业发展的新论断，也是产教科融合开展的指南。在新的

---

① 习近平在全国高校思想政治工作会议上强调：把思想政治工作贯穿教育教学全过程 开创我国高等教育事业发展新局面 [N]. 人民日报，2016-12-09.

历史方位，教育主要培养能担任起民族复兴大任的时代新人，不忘初心，方得始终。产教科融合必须坚持育人为本的合作理念，将立德与树人相统一，将实践和理论相结合。在产教科融合的过程中，也要始终把握社会主义办学的性质。坚持对大学生进行马克思主义理论、毛泽东思想、中国特色社会主义理论体系，特别是习近平新时代中国特色社会主义思想的教育。坚持把思想政治教育贯彻落实到产教科融合全过程，能更好地把握教育的方向性原则。

第三，坚持正确的文化导向。习近平指出："核心价值观是文化软实力的灵魂、文化软实力建设的重点。这是决定文化性质和方向的最深层次要素。一个国家的文化软实力，从根本上说，取决于其核心价值观的生命力，凝聚力、感召力。"① 文化兴则国运兴，在产教科融合的过程中也要坚持正确的文化导向。但企业一方难以承担育人的重任，必须与学校合作，依靠思想政治教育。通过思想政治教育的力量，在继承中华优秀传统文化、发扬革命文化和社会主义先进文化的基础上，推进产教科融合朝着提高大学生综合素质的方向发展。思想政治教育是用优秀的文化铸魂育人的课程，把思想政治教育运用在产教科融合的过程里，不仅能净化企业的文化氛围，更重要的是能为产教科融合的开展做正确的文化导向。

三、思想政治教育融入产教科融合过程中的可行性

2019 年 1 月国务院印发《国家职业教育改革实施方案》，职业教育在办学主体、办学模式、专业治理、产教科融合等领域陆续进行深层次改革，这些新变化为思想政治教育融入产教科融合过程提供了可行性。随着一系列产教融合政策的出台，表明产教科融合处于一个非常有利的国内环境。在产教融合的基础上，融入科技与创新要素，深化产教科融合，教育链、科技连、创新链与产业链无缝对接，人才链与市场链有机衔接，人才供给侧与产业需求侧高度契合，较好地解决了"不畅""不顺"和"不高"问题，站在新时代"再出发"节点，对推进高职办学水平高质量发展具有积极意义。

---

① 习近平．习近平谈治国理政 [M]. 北京：外文出版社，2014 "163.

（一）发挥隐性课程育人功能的需要

一直以来，思想政治理论课程独自承担着大学生价值观教育工作，经过长期的摸索和实践，其效果难以令人满意。育人是课程的固有功能，所以，各门各类课程都具有育人功能，只不过在教育教学实践中被忽视了而已。"课程思政"的建设过程就是对除思想政治理论课程之外的课程育人功能的解蔽过程，就是要激发隐性课程的育人功能，在这里，隐性课程就是指专业课程，使之与思想政治理论课程这一显性课程一道，共同承担价值观教育的任务。因此，专业课教师要"勘探"专业课程的育人元素、铸牢自身的政治信仰、将思政工作贯穿育人全过程。

1. "勘探"专业课程育人元素的需要

社会成员经由高等院校这座"桥梁"，接受高等教育的过程是实现社会化，进而成长为合格公民的过程。我国高等院校如果只片面地要求大学生学习专业知识、练就专业技能，而不引导大学生如何学会生活、学会做事，学会生存，就很难培养他们的责任意识、使命意识和权利义务意识，就会拉低教育的境界，使大学生缺乏理想和追求。在我国传统的教育理念中，"传道"与"授业""解惑"是目的与手段的关系，而长期以来，这种传统似乎被弱化和遗忘了。尤其是专业课程，专业课教师多数情况下都是以"授业"和"解惑"为目的，而只把"传道"说在嘴上，写到纸上，挂在墙上，成为"泥塑之身"，成了"空心萝卜"。新时代对于高等院校的立德树人工作提出了新诉求，我国高等院校逐渐意识到应该在"授业"和"解惑"中悄无声息地"传道"，实现教书与育人的统一。

当今世界的思想政治斗争并未随着经济全球化而有所减弱，反而呈现逐渐强化的趋势，随着我国逐渐走进世界舞台的中央，一些对马克思主义存在偏见的国家对我国不断疯狂地进行思想文化渗透，对正处于"拔节孕穗期"的大学生造成了严重的负面影响。课程是传递国家意志、内含教育目标、彰显教育内容的载体，是学校教育教学活动的基本依据。专业课程育人元素的"勘探"是隐性课程发挥育人功能的基础。课程是新时代大学生接受价值观教育的主要载体，赫尔巴特（Johann Fviedrich Herbavt）曾说过，缺乏品德教育的教学，是没有目的手段；缺乏教学的品德教育，就丧失了手段和目的。任何一门课程都包含了知识、方法与价值等三个维度，一是本学科的基础知识和基本概念体系；二是基础知识和基本概念体系背后蕴藏的思维方式与行为模式；三是该思维方式与行为模式背后潜隐的情感、态度与价值观。三种维度是相互联系、相互贯通、相互渗透的，有机地构成一个整体。任何一个维度目标的实现都是在整体目标的相互联系中实现的。所以，每门专业课程同思想政治理论课一样，具有丰富的思想政治教育资源，只不过前者是内隐的，后者是明显的。仅靠思想政治理论课程对大学生进行价值观塑造是远远不够的，专业课程在吸引学生、感染学生、引起学生共鸣方面比思想政治理论课更具优势。专业课程的"课程思政"元素蕴含着启迪人们智慧、激发爱国热情、培养社会正义感、形成文化自信等价值范式的思政元素，所以，"勘探"专业课程的育人元素，使专业课程的育人功能得到最大限度发挥是我国高等院校"课程思政"建设的应有之义。

2.铸牢专业课教师政治信仰的需要

与思想政治理论课教师相比，专业课教师与大学生接触的时间比较长，因此，专业课教师是否具备坚定的政治信仰在很大程度上影响着大学生的情感、态度和价值观。在伦理学中，"信仰"一词被界定为从内心深处对某种理论、思想、学说的尊奉，并以此作为自己行动的指南。在这里，铸牢专业课教师的政治信仰就是要求专业课教师明确"为谁培养人"的问题，从内心深处树立对马克思主义的信仰。我国在意识形态领域始终坚持以马克思主义为指导，并将坚持马克思主义在意识形态领域的指导地位作为一项根本制度，不只是因为马克思主义是以事实为依据、以规律为对象、以实践为检验标准的科学学说，更是因为马克思主义彰显了党和国家的行为准则、理想追求和价值目标。如果一个人是一位坚定的马克思主义者，那么，在他心目中，科学与信仰二者是统一、不可分割的。马克思主义的科学性与个人信仰在一定程度上呈正相关。一个人将马克思主义的科学性理解得越透彻和深入，他个人对马克思主义的信仰则越为坚定。

专业课教师是大学生的一面镜子，他们对于马克思主义的信仰程度直接影响大学生对马克思主义科学价值观的认同程度。在我国高等院校"课程思政"建设中，专业课教师能否将科学的价值观寓于知识传授与能力培养之中，在很大程度上取决于自身是否坚定马克思主义信仰。专业课教师坚定马克思主义信仰，有利于夯实自身的教育引领力。作为一种教育理念，"课程思政"要求专业课教师对大学生所进行的知识教育和一般意义上的知识教育是有差别的，前者比后者增加了价值观教育的维度。马克思主义价值观是科学的价值观，树立马克思主义价值观是大学生思想政治教育工作的核心和灵魂。从一般意义上看，知识教育的主要任务是使受教育者具备一定的知识技能和形成一定的知识构建体系。而"课程思政"的主要任务在于在知识传授与能力培养中渗透价值观教育，这就对专业课教师提出了极高的要求。坚定马克思主义信仰不是世界观、人生观、价值观的简单叠加，而是要在内心中构建一种终极价值理念。课堂是专业课教师发挥作用的主要载体，专业课教师必须将马克思主义信仰融入自身的"血液"里，将马克思主义信仰作为自身崇高的价值追求。长期以来，思想政治理论课教师承担着引导大学生树立科学价值观的任务，思想政治理论课是实现这一任务的主渠道，因此，思想政治理论课教师需要坚定马克思主义信仰是毋庸置疑的。但是，实践证明，只要求思想政治理论课教师坚定马克思主义信仰，只依靠思想政治理论课对大学生进行价值观引导是远远不够的，专业课教师也要将马克思主义信仰作为一生的崇高追求。在寓价值观引导于知识传授和能力培养的过程中，专业课教师是实施主体，占据主导地位。专业课教师的马克思主义信仰是否坚定直接关系到马克思主义科学价值观能否有效地渗透到课堂教学过程中。如果一位教师自身的马克思主义信仰不坚定，那么就无法实现对学生科学价值观的引领，甚至会使价值观教育的有效性大打折扣。所以，铸牢专业课教师的马克思主义信仰，有利于促进其将马克思主义信仰作为毕生的价值追求，在课堂教学中彰显自身的主导性，有效地将知识背后的育人元素挖掘出来，夯实自身的引领力，真正实现"让有信仰的人讲信仰"[①]，是专业课程发挥育人功能的关键所在。

3. 将思政工作贯穿育人全过程的需要

思想政治工作是党和国家一切工作的生命线，在全国高校思想政治工作会议上，习近平意味深长地指出："要坚持把立德树人作为中心环节，

---

① 习近平主持召开学校思想政治理论课教师座谈会强调：用新时代中国特色社会主义思想铸魂育人 贯彻党的教育方针落实立德树人根本任务 [N]. 人民日报，2019-03-19.

把思想政治工作贯穿教育教学全过程。"[①]我国高等院校思想政治工作不能停留在表面上，不能停留在一段时期，也不能体现在某一环节中，而是将思政工作渗透到育人全过程中。全过程育人的实质在于将思想政治教育潜移默化地渗透到教育教学全过程之中。"教育教学全过程"就是在立德树人过程中，高等院校围绕育人这一中心任务，坚持知识逻辑与价值逻辑并驾齐驱，在遵循教育教学规律和学生成长成才规律的基础上，充分发挥课堂教学和其他教育实践活动的育人功能，从而保证思政工作在时间上的不间断性和过程上的可持续性。如何将思政工作贯穿到教育教学全过程，需要结合好如何衔接的问题。思想政治工作和教育教学虽然都具有育人功能，而且都致力于为国家培养输送建设者和接班人，但是二者毕竟在运行逻辑和管理方式上不尽相同。就思想政治工作而言，它的任务在于将社会价值理念转化为个体的思想观念和行为准则，对于社会价值秩序的再生产产生维护和推动作用，是一种"规范性逻辑"；就高等院校教育教学而言，它在落实教书育人、科研育人等要求的基础上还有一定的自主空间，具有明显的专门性，主要遵循"知识性逻辑"，所以，将思政工作贯穿教育教学全过程，就必须要解决好"规范性逻辑"与"知识性逻辑"的关系问题，即如何勘探不同学科蕴含的思政元素，怎样实现二者有机衔接的问题。

教育教学过程，简言之，包括教师教和学生学两个部分，不是单向度的传授过程，而是双向度的互动过程。在对新时代大学生进行价值观教育的过程中，专业课教师通过有目的、有计划、有组织的师生活动，使学生自觉地学习和运用专业基础知识与基本技能，在此基础上引导他们形成符合社会发展要求的价值观和道德品质。在以往的育人工作中，我国高等院校大多数情况下将其抛给思想政治理论课和思想政治理论课教师，而思想政治理论课一般情况下被安排在大一和大二时期，从而导致育人工作出现断层、育人体系保守封闭。"课程思政"建设强调育人的连续性和不间断性，具体而言，从大学生入学到离开校园这段时期，专业课教师就要牢记立德树人的初心和使命，结合所授课程的性质对大学生给予价值观引导，思政工作是连续的、不间断的。在将思政工作贯穿育人全过程中，各门专业课

---

① 习近平主持召开学校思想政治理论课教师座谈会强调：用新时代中国特色社会主义思想铸魂育人 贯彻党的教育方针落实立德树人根本任务 [N]. 人民日报，2019-03-19.

程都具有自身的特殊性，育人的逻辑存在差异，在育人的目标、功能、资源以及策略上侧重点不同，所以，专业课程发挥育人功能是将思政工作贯穿育人全过程的"牛鼻子"，我国高等院校能否有效地牵着这个"牛鼻子"走，是决定立德树人成效的关键所在。

（二）推进"课程思政"与"思政课程"同频共振

课程在大学生思想政治教育中一直发挥着重要作用，很长一段时间以来，思想政治理论课程承担着育人职责，但是，从产生的实际效果来看，存在着明显不足。新时代背景下，中国高校"课程思政"建设能够有效地弥补仅依靠思想政治理论课进行育人工作的不足，推进了与思政课程在落实高等院校立德树人根本任务、促进知识传授与价值引领相结合、推动新时代大学生全面健康发展等方面的同频共振。

1.落实高校立德树人根本任务的需要

俗话说，人无德不立，道德之于个人乃至社会的发展具有重要意义。崇德修身是做人做事的首要原则。立德树人，德是首位，每个个体只有明大德、守公德、严私德，自身的才华才能用得其所。从 2006 年开始，在我党领导人的讲话中便出现了"立德树人"一词，并将其作为教育的根本任务。党的十八大以后，习近平认为，立德树人对高等教育的发展具有重要意义，并在很多场合中强调了这一观点。2016 年，在全国思想政治教育工作会议上，习近平对立德树人的重要性进行了拓展和深化，将立德树人作为中心环节和高校立身之本。这一提法的转变对立德树人进行了新时代的新定位，开辟了我国高等教育尤其是高等院校大学生思想政治教育工作的新境界。

以前，我们主要从个体维度讲"立德"，党的十八大以来，从习近平的一系列讲话中可以看出，"立德"的范围有所拓宽，不再只限于个体维度，还包括集体维度。从个体维度来看，习近平将"德"分为大德、公德以及私德等三个层面，具体而言：国家、社会之德，即为大德；公民、公共之德，即为公德；家庭美德、个人品德，即为私德。从集体维度出发，按照习近平的要求，高等院校"立德"主要指坚定党对教育事业的领导，贯彻落实党的教育方针，拥护马克思主义和坚持社会主义办学方向等方面。因此，高等院校通过"课程思政"建设实现立德树人的根本目标，要从个体和集体两个视角出发来理解"立德"，不仅要求新时代大学生和全体教师"立德"，自身必须将"立德"理念贯穿到学校教育教学全过程中，既塑造个体的"德"，也培养集体的"德"，只有将二者协调统一起来，才能真正地对"立德"问题进行正确、深刻而全面的理解。

自中华人民共和国成立以后，虽然国际国内形势瞬息万变，但是，党和国家十分重视人才培养工作。在不同时期、不同阶段，人才培养的目标略有差异，却有一点是共同的，就是均彰显了立德树人的实质内涵。党的十八大以来，习近平高度重视高等教育应该树什么样的"人"的问题。从习近平的一系列讲话中，我们可以看到，在他看来，教育的首要问题就是要解决树什么样的"人"的问题，并从个人成长和国家发展两个方面提出了一些要求，比如，树具有民族复兴使命担当的时代新人、树德智体美劳全面发展并为中国特色社会主义建设服务的时代新人、树坚定中国共产党的领导和维护社会主义制度，为社会主义现代化建设持续奋斗的时代新人等。同时，习近平突出强调了青年对于国家和民族发展的重要作用。他关于高等教育"树人"问题的论断既继承了前人的思想精华，又在此基础上结合时代特征进行了升华，既回应时代发展需求又蕴含未来发展方向，开创了党和国家新时代人才培养目标的新篇章，为高等院校立德树人工作的有效开展提供了理论支持。

在我国，高校承担着如何将我国从人口大国转化为人才强国的重任，新时代背景下，为中国特色社会主义建设培养源源不断的人才是我国高校的主要目标，而这一目标能否顺利实现在很大程度上取决于立德树人工作的成效。立德树人是高校立身之本，与以往相比，当前我国高校的办学环境、教育对象发生了深刻的变化，既面临发展机遇，也面临严峻挑战。新时代下，多种思想、价值观念竞相迸发，各种社会思潮激烈交锋，这一社会现象在很大程度上对新时代大学生的思想与行为产生了影响。易变性和可塑性是新时代大学生思想呈现的两大特点，他们不仅在校内接受马克思主义意识形态和社会主流价值观的教育，还易受到一些非主流社会舆论和其他价值观念的熏陶，所以，高校的立德树人工作面临严峻挑战。

长期以来，由于学科定位和课程特点，我国高校的思政课程秉持知性教育与德性教育相统一的理念，成为立德树人的关键课程。经时间检验，这种"单兵作战"的模式暴露出明显不足，思政课程需要其他课程的增援，其他各类课程只有在落实高等院校立德树人根本上与思政课程同频共振，才能提升立德树人的实效。中国高校"课程思政"建设要求学科任课教师在课堂教学中摒除只教给学生知识与培养学生能力的观念，更重要的是要对学生进行思想观念和价值观的引领。高等教育是由各学科门类组成的，在各学科门类的基础上开设相关专业和课程，所以，"课程思政"建设要为各学科发展和各专业培养目标服务。同时，各学科虽不像马克思主义理论学科具有明显的政治倾向，但是，都内在地蕴藏着一种价值观塑造和精神培育功能，因此，"课程思政"建设促进了专业课教师对自身所教学科这种功能的发挥，与思政课程一道，共同为落实立德树人根本任务发力。

2.促进知识传授与价值引领相结合的需要

一直以来，在我国高校内部，专业课教学偏重知识传授，而忽视了价值引领，从而造成了"教书"与"育人"的分离。教师是人类最古老的职业之一，他受社会的委托对学生进行专门教育。向学生传递人类传承下来的科学文化知识和价值观教育是每一位教师的神圣使命。苏联著名教育家苏霍姆林斯基极力反对将知识教成毫无温度的真理。如果教师交给学生的知识没有温度，只是将其植入到学生的大脑中，没有使学生在内心深处产生深刻的感悟，那么，则没有实现知识的真正价值。对于我国高校"课程思政"建设而言，教师是主力军，除了思想政治理论课教师之外的专业课教师也要将对大学生进行知识传授和价值引领作为自身的必要职责和崇高使命，将塑造又红又专、德才兼备的健全人才作为职业导向，从而促进知识传授与价值引领同步驱动。

新时代的人才不仅需要具有过硬的知识和能力素养，更需要具备正确的价值观。然而，在对大学生进行知识引领和价值引领的过程中，其他各门各类课程并没有与思政课程同频共振。我国高校"课程思政"建设要求其他各门各类课程将价值观引导融入到知识传授和能力培养之中，切切实实地实现知识传授与价值引领相结合的现实需求。"课程思政"改革旨在利用课程这一载体进行育人，从而达到专业知识教育与价值观教育的内在统一。"课程思政"这一教育理念的提出丰富了大学生思想政治教育的内涵和外延。教师是否有效地组织和实施教育教学实践，直接关系到课程建设与改革的成败。因此，"课程思政"提出后，专业课教师逐渐意识到"教书"与"育人"的本质内涵，在对新时代大学生开展教育教学活动时，积极开发自己所在学科、专业以及课程蕴含的思想政治教育元素，从而引导学生在掌握专业知识和技能的同时，意识到树立正确价值观的重要性。专业课教师将发挥专业课程的育人功能作为一项基本要求，积极寻求本专业知识与思想政治教育元素的契合点，将思想政治教育元素渗透到专业知识中去，以自己的言行感染学生，引导新时代大学生在知、情、意、信、行等方面作出正确的判断与选择，从而促进专业课程与思政课程在知识传授与价值引领上的同步驱动。

3.推动新时代大学生全面健康发展的需要

党的十八大以来，我国开始进入新时代，我国经济社会发生了质的转变，迎来了从站起来、富起来到强起来的飞跃，这表明科学社会主义在 21 世纪的中国彰显出强大的生命力和号召力，意味着"为解决人类问题贡献了中国智慧、提供了中国方案"①。同时，新时代大学生也面临着新的时代使命，即为全面建设社会主义现代化强国助力青春力量。大学生的全面健康发展是实现这一时代使命的基础和条件。全面健康发展的内容是多维立体的，包括才能、志趣及道德品质等多方面的发展，而这一目标的实现需要专业课教师来发挥纽带作用。专业课教师这一纽带作用的发挥又离不开自身所授的课程。一直以来，我国高校专业课教学存在一种现象，即"知"与"德"相分离。也就是说，专业课教师在课堂中只是向大学生传授了专业知识，而没有让大学生掌握知识背后所蕴含的价值，从而弱化了思政课的育人效果。习近平十分重视人才培养工作，他所述的"人才辩证法"蕴含着深刻的"知"与"德"辩证关系问题。"知"的目的在于促进"德"的认识，为"德"的养成服务，因为"德"是真知。"德"的内涵是丰富而深刻的，将"德"理解为品行和道德是远远不够的，我国高等院校"课程思政"建设就是要使专业课教师摒弃这种错误认识，从更广阔的领域认识"德"。

对于"知"与"德"的辩证关系而言，这里的"德"不只具有"公德"与"私德"的向度，还深刻地体现一种"大德"的向度，即对自然发展规

---

① 习近平.习近平谈治国理政（第二卷）[M].北京：外文出版社，2017：62.

律和人类社会发展规律的认知和领悟。一切人文学科和自然学科的最终归宿都是为了认识人类社会的规律以及自然界发展的规律，而认识自然界发展的规律实际上也是为了更深刻地认识人类社会的发展规律，比如，历史哲学的产生是由进化论所催生的，为社会服务是一切人类知识有益成果的最终归宿。所以，出于推动新时代大学生全面健康发展的目的，中国高校"课程思政"建设要求每位专业课教师深刻掌握"人才培养辩证法"的价值旨归，坚持知识逻辑与价值逻辑并驾齐驱，厘清"德"与"知"的辩证关系，围绕育人这一中心任务，使各门各类课程与思政课程同频共振，在遵循教育教学规律和学生成长成才规律的基础上，打破思政教育与专业教育"两张皮"的壁垒，与思政课程共同成为推动新时代大学生全面健康发展的有力抓手。

（三）工学结合实践学生思想教育

1.分类区别对待教育

由于高职院校学生工学结合实践的形式趋于多样化，如半工半读、工学交替、勤工俭学、定单培养、项目导向、任务驱动和顶岗实习等不同的类型；从工学结合的学习方式看，有先理论学习、后岗位实践的，有理论学习和岗位实践交叉进行的，有相对集中的，有相对分散的；从工学结合的时间分布来看，有大二进行工学结合、有大三进行工学结合等。因此学生工学结合实践的思想教育和管理必须根据不同类型，采取不同的教育内容和方式区别对待，不能"一刀切"。

2.与专业素质教育相结合

高职院校学生工学结合实践的目的之一是提高学生的专业实践能力。因此，高职院校在工学结合企业的选择、实习岗位的确定等方面，应把"专业对口"放在首位，把学生的职业生涯规划实施、专业能力提升要求等内容纳入工学结合思想教育的全过程，要根据不同年级专业能力不同的实际，有的放矢，区别对待，如在大二参加工学结合的学生，他们的专业知识不是很扎实，通过贯穿专业教育，使他们正确对待在工学结合中面临的困难和问题，引导他们通过了解企业对专业知识和专业能力的需求情况，以便回校后有针对性地、有重点地学好专业知识；再如参加工学结合的毕业班学生，要把学生的毕业综合实践（"毕业论文"）的教育与工学结合教育相结合，以提高学生参加工学结合实践的主动性和积极性。

3. 与职业素质教育相结合

毕业生的专业能力固然重要，但诸如职业道德、诚信品质、敬业精神、吃苦精神、团队精神和人际交往能力等非专业素质被企业更加重视已成共识。在工学结合实践中，追求利益最大化的企业不可能把重要的岗位和工作任务让学生去试验，因而，想通过一次工学结合就能提升专业能力是不现实的。因此，工学结合思想政治教育必须要将提升学生综合素质教育贯穿于学生工学结合实践教育的全过程，使学生懂得除专业技能外的其他职业素质的培养也是工学结合实践的重要内容。

4. 与就业教育相结合

随着就业形势不断严峻，能否找到一份合适的工作正困扰着每个大学生，而工学结合实践是给大学生提早进入社会、提早体验就业的一次大好机会。因此，通过在工学结合学生思想教育中贯穿就业形势教育，有利于学生更加珍惜工学结合的机会和平台，及时调整好心态，正确面对工学结合实践中遇到的各种困难和问题，确保工学结合实践的顺利完成。

第四章 产教科融合过程中高职大学生思想政治教育的特点与时代诉求

产教科融合过程中，高职大学生思想政治教育不同于普通高校的思想政治教育，有其独自的特点。当前，随着我国经济社会发展进入全新阶段，我国对职业教育的重视程度不断提高，近年来陆续颁布了一系列职业教育相关政策文件，并于 2022 年 5 月 1 日起施行新《中华人民共和国职业教育法》。高等职业教育具有为区域经济发展提供与之相适应的高素质技术技能人才的重要作用，高职院校深化产教科融合和校企合作，是促进和保障新时期职业教育高质量发展、为地方经济发展提供人才保障的重要措施。因此，深化产教科融合既迫在眉睫又是大势所趋。

一、产教科融合过程中高职大学生思想政治教育的特点

（一）思想政治教育环境和主体复杂化

产教科融合是未来教育的特征，是提高教育质量、促进人全面发展的重要策略，形成学校和行业企业联合培育人才的教育格局。产教科融合育人的方式，改变了纯粹的理论教学方式，将理论与实践教学结合，与以往的教育模式大有不同，这也为产教科融合过程中开展大学生思想政治教育带来了新的特点。

第一，教育环境复杂化。传统的思想政治教育的主阵地是课堂，主要依靠教师对学生进行知识的传授，其中教师、学生和教学媒介是主要因素。此外还有一些课外活动，如参观红色革命纪念基地、红歌比赛、志愿者活动等。这些都由学校组织，活动过程都比较单一，涉及的因素也没有改变，

教育的主体与客体还是教师与学生，只是教育方法有了一些改动。而在产教科融合的背景下，教学活动不再局限于学校内部，学生不仅要在学校学习理论知识，还要进入企业，锤炼自己的专业技能。在这个过程中开展思想政治教育，教学环境就由简单的学校的理论教学延伸为复杂的学校和行业企业协同育人，单从教学场所来看就发生了变化。而企业主要从事研发、生产、服务、流通等经济活动，是一个以营利为目的的单位，其中拜金主义、个人享乐主义等思想层出不穷，各种诱惑无处不在，这给思想政治教育的有效开展带来了极大的外部挑战。

第二，教育主体复杂化。产教科融合不仅仅是简单的学校与行业企业的联合，校企双方更是要在教育上做到共同培养。企业不仅肩负着育人的职能，参与人才培养的全过程，也要参与到人才培养方案制订中来，更好地发挥教育的主体作用。产教科融合的过程中，思想政治教育呈现出教育主体多元的现象。学校教师主要还是依靠课堂教学，这样学生能快速掌握思想政治教育的基本理论知识。企业也在教育的过程中扮演着重要的角色，参与积极性的高低也会在很大程度上影响人才培育的效果。但企业追求的是利益最大化，这与高校培育人才的目标存在偏差。特别是当大学生进入企业学习后，大学生会深入接触这个企业，备受企业影响。大学生参加社会实践的时间比较少，又处在价值观养成的关键时期，如果受到太多负面信息的影响，非常不利于他们的"三观"养成，甚至会对社会认知出现偏差。所以，在产教科融合过程中开展大学生思想政治教育必须充分考虑教育主体多元的复杂性，理清合作的目的。校企要达成统一的育人方案，以科学的计划安排来应对教育主体复杂性带来的影响。

（二）思想政治教育理念和方法新型化

我国关于产学研合作的研究始于 20 世纪 80 年代中后期，最初校企合作的对象定位是高职院校，主要是借助企业一整套完整的生产设备和流程，旨在提高学生的专业技能和实践操作能力。在之后的发展过程中，校企合作延伸到了普通高校并被赋予了许多新的内涵。开展产教科融合时，必须坚持以习近平新时代中国特色社会主义思想为指导，全面贯彻党的教育方针，坚持不懈地促进校企合作的稳定与和谐，让大学生成为德才兼备、全面发展的人才。在这个过程中，产教科融合发生了一系列新的变化。

第一，教育理念新型化。当今全球化的速度加快，信息传播非常迅速，社会的各种信息对大学生的影响非常大，教育者必须认清时代特征，及时转变教育理念，开辟思想政治教育新路径。产教科融合模式，将教学延伸到了企业，教学环境发生了变化。

首先，学校与企业应该一改以往的教学理念，把合作育人的落脚点放在如何提高学生的理论知识、实践技能、科技创新和思想素质上。要始终将思想道德教育贯穿合作育人的全过程，把思想的引导与建设放在首位。思想理念能指导实践，只有将教学理念摆正，才能培育更优秀的人才。其次，这种不同于传统的教学方式推动了教师教育理念的转变，使教师树立更科学的教学理念。面对新模式带来的教学挑战，教师必须直面经济社会发展的新需求，主动学习接纳新的思想理念，把理论知识与社会热点结合，让课堂内容更加丰富，让课堂内容更加接贴近社会、贴近生活、贴近学生。传统的大学生思想政治教育者多以理论讲授为主，吸引力和感染力不强，与当前大学生普遍存在的职业生涯规划、就业创业、人际交往等问题结合不紧密。思想政治教育工作者平时工作中主要以说教式、灌输式的形势与政策讲座、报告和"两课"教学等形式为主，学生参与积极性不高甚至从心理上容易产生抵触情绪，结果是教育搞了，活动做了，从形式上达到了目的，但实际效果却不乐观，学生吸收得少，消化得少，内化得更少。如以校园科技竞赛为载体的科技创新活动正是引导学生在学习科技文化知识的过程中提升思想政治素质，把解决实际问题与解决思想问题相结合，从大学生的实际需求入手使他们真正从思想上受到教育，内化于心，外化于行。最后，企业一定要明确协同育人的目的在于人才的培养，而非寻求廉价劳动力。大学生在企业学习期间，企业要积极主动对大学生进行正确的思想和价值观上的引导，使立德树人贯穿产教科融合的全过程。

以成都航空职业技术学院无人机应用技术专业装配与调试方向与中航（成都）无人机系统股份有限公司、四川驼峰通用航空有限公司的校企合作项目为例，由学校教师和企业岗位师傅共同教学，探索现代学徒制的工匠精神培养，解决如何培养适应产业发展的技术技能人才的问题，同时真正实现工匠精神的内化。学生在企业项目生产实践中，需要完成大中型无人机等机型的结构装配和系统检查与试验等工作，针对岗位的素养目标，以"铸家国魂""凝报国心""聚强军力""塑栋梁才"为课程思政育人主线，潜移默化筑牢学生内心"航空报国"精神和工匠精神，培养具有"家国豪情""航空热情""职业激情"的高质量技能人才，达到润物细无声的效果。

第二，教育方法新型化。把思想政治教育贯穿产教科融合的全过程，不仅是为了应对经济社会发展带来的变化与挑战，也是着力构建全员育人、全过程育人、全方位育人体系的一个重要方案，形成理论学习和实践学习并重的模式。要把思想政治教育融入所有课堂，将思想政治教育与专业课、与具体实践相结合，在改进中提升思想政治教育的针对性和亲和力，满足大学生成长发展需求和期待。要提高对思想政治教育实践性的认识，积极主动地在产教科融合过程中开展思想政治教育。企业具有丰富的思想政治教育资源，要充分利用好这宝贵的资源，让大学生真正参与到社会实践中，意识来源于实践，只有深入社会实践，才能真正了解社会发展对人才的需求，了解自身的差距与不足，树立使命感和危机意识。校企双方应更加积极地探索如何用年轻人喜欢的方式教学，调动大学生学习的兴趣和内驱力，并且要全程追踪大学生在实习期间的思想变化情况，以便发现问题、及时应对。

（三）思想政治教育任务和要求严格化

思想政治教育的成效事关学生个人思想道德素质的发展，也事关政治、经济、文化、社会与生态的繁荣与发展。在产教科融合的平台上，大学生拥有了实习的机会。但企业与学校的环境完全不同，大学生进入企业会面临着前所未有的思想冲击，这对于传统灌输式的理论教学提出了极大的挑战。这就要求高校在开展教育工作时，要创新教育方式，把立德树人放在教育的首位，树立课程思政的观念，把思想政治教育理念融入育人的全过程。

第一，教育任务严格化。人民有信仰，国家有力量，民族有希望。思想政治教育的根本任务就是要培养有理想、有道德、有文化、有纪律的社会主义新人。随着互联网的发展，人们的思想受到多元的文化和意识形态的冲击。在教育的过程中必须要牢固树立共产主义远大理想和中国特色社会主义共同理想，培育和践行社会主义核心价值观，不断提高大学生思想觉悟、文明素养和政治信仰。必须做好理想信念教育工作，培育大学生为人民服务，为社会主义事业发展做贡献的理想信念。深化中国特色社会主义和中国梦宣传教育，弘扬民族精神和时代精神，加强爱国主义、集体主义、社会主义教育，引导大学生树立正确的历史观、民族观、国家观、文化观。改进产教科融合过程中的思想政治教育工作，强化思想政治教育的全面性和系统性，无论是在学校期间的理论学习，还是深入企业的实践学习，都必须把思想政治教育放在首位。在复杂的经济社会中帮助大学生养成积极健康的精神状态，使大学生能坚持正确的价值观和文明健康的生活方式，能够将理论知识外化于行动，自觉约束自己的言行举止。

第二，教育要求严格化。我国经济已由高速增长阶段转向高质量发展阶段，创新是引领发展的第一动力，是建设现代化经济体系的战略支撑。创新发展战略需要创新型人才做支撑，要深化教育体制、科技体制改革。新时代，产教科融合可以根据市场对人才的需求，及时调整教育方式和内容，提高人才培育的质量。产教科融合育人模式有很大的发展空间，但学校与企业两种不同社会系统间的合作困难重重。首先，高校的教育必须与市场经济发展相接轨，深度挖掘思想政治教育资源，推进社会公德、职业道德、家庭美德、个人品德等建设，紧抓知识能力和思想上的教育，减轻企业负担。其次，高校必须与企业共同制订课程计划、培养计划和培养目标，把握好教育过程中的每一个细节，针对性地展开教育。最后，对产教科融合的具体实施过程严格把关，把思想政治教育融合到每一个教育环节。时刻关注大学生思想变化，以便及时采取应对措施。进一步实现学校与企业的无缝对接，理论学习与职业要求的综合对接。

二、产教科融合过程中高职大学生思想政治教育的时代诉求

2005 年全国职业教育工作会议提出了"校企合作"，2013 年党的十八届三中全会提出了"产教融合"，党的十九大提出"完善职业教育和培训体系，深化产教融合、校企合作"，这为高等职业教育发展指明了方向。2019 年 1 月印发的《国家职业教育改革实施方案》再次明确了加强产教科融合的重要性。新时代，产教科融合是高职院校办学模式的必然选择。产教科融合是对产教融合的丰富和深化，以产教科融合为依托，可以提高行

业企业参与办学、实现科技创新的深度，健全多元化办学体制，加快校企协同育人进程。高职院校是培养技术技能型人才的主要阵地，改进和加强高职学生的思想政治教育是新时代条件下立德树人的重要内容。

（一）思想政治教育融入产教科融合的新发展

2017 年 12 月，国务院办公厅印发了《关于深化产教融合的若干意见》（以下简称《意见》），深入贯彻了习近平新时代中国特色社会主义思想的系列重要举措，首次明确了深化产教融合的政策内涵及制度框架，完善顶层设计，强调发挥政府统筹规划、企业重要主体、人才培养改革主线、社会组织等供需对接作用，搭建"四位一体"架构，将产教融合从职业教育延伸到以职业教育、高等教育为重点的整个教育体系，上升为国家教育改革和人才开发整体制度安排，推动产教融合从发展理念向制度供给落地。

思想政治教育就是要激发人们内心最深处的思想，使人们获得勇往直前的精神力量，沿着正确的方向努力前行。思想政治教育在教学中占有重要地位，是大学生成长和高校平稳发展的导向和动力保障。在我国，思想政治教育始终要为中国特色社会主义事业的发展培养德智体美劳全面发展的人才。"当前教育的发展已经到了一个新的阶段。发展产教融合、校企合作培养技术人才是成功国家的共同规律。"[①] 产教科融合就是学校与企业联合培育人才，提高大学生的实践动手能力、科技创新能力、综合素质，培养应用型人才的教育。在党中央的领导下，产教科融合已经逐渐从职业教育延伸到了整个教育体系。随着我国经济社会的不断发展、对外开放水平的不断提高和国际多元文化的冲击，给思想政治教育和产教科融合都提出了时代性挑战。产教科融合过程中要始终坚持以习近平新时代中国特色社会主义思想为指导，坚持将思想政治教育融入其中。只有这样才能把握教育的宗旨，始终为我国社会主义建设事业和中华民族的伟大复兴培养生力军。

我国的高职教育从 1999 年之后进入发展的黄金期，逐渐探索建立了区域特色、行业特点和学院自身属性的不同特点的高职院校，拥有适合自己的办学模式。校企合作、集团化办学、职业培训等模式具有广义办学模式

---

① 童世骏. 建设社会主义教育强国研究 [M]. 北京：人民出版社，2019：103.

概念，在不同阶段显现不同的办学适用性。目前，行企校共同参与、深度融合的办学模式，成为现代市场经济体系高职办学模式的主流。2018 年，教育部等六部委印发《职业学校校企合作促进办法》，明确"产教融合、校企合作是职业教育的基本办学模式，是办好职业教育的关键所在"，从立法层面保障高职教育"产教融合、校企合作"基本办学模式的全面落实。行业企业参与职业教育，必须打破单纯依靠职业教育或行业企业的思维，以多元主体为其逻辑起点，明确树立行业企业在职业教育中的重要地位。通过多元主体的互动模式，职业院校与企业主动加强彼此合作是破解职业教育跨界障碍的重要途径。

（二）思想政治教育融入产教科融合的挑战机遇

1. 全球化带来的机遇

在全球化进程中，资本、技术、人才等各类要素在全球范围内流动，推动了经济、政治、文化的深入交流。大学生以各种形式与途径参与全球化，增加了对世界其他国家发展现状的直观认识，开阔了大学生的国际视野。国与国之间的经济、文化、科技交流与学习，使大学生有机会、有条件对比中西方的发展道路、理论、制度、文化，了解各自的发展优劣，有利于增强大学生对中国特色社会主义的道路自信、理论自信、制度自信、文化自信。

（1）全球化有利于增强中国特色社会主义道路自信

当前，中国经济总量跃居全球第二，综合国力大幅度提升，对比西方国家近年来经济发展与社会治理所面临的各种困境，反观中国经济快速发展所取得的成果，可以增强大学生对中国特色社会主义道路的自信。可以说，中国过去几十年走出了一条不同于西方、却更加成功的现代化之路，并取得了巨大的成就。

这条道路的成功，开启了多元化发展道路的时代，是对人类社会发展规律的新探索，为全世界特别是广大发展中国家提供了一条可借鉴的发展道路。历史和实践雄辩地证明，西方现代化道路并非放之四海而皆准的"普世道路"，中国特色社会主义道路符合中国国情，指引中国人民走向繁荣富强，增进人民的福祉，为破解人类面临的共同难题提供了"中国方案"。

无疑，中国的崛起使大学生更加坚信中国特色社会主义道路的正确性。

（2）全球化有利于增强中国特色社会主义理论自信

经济全球化使现代化中西方理论能够放在一起充分比较，以此发现优劣之处。大学生认识到自由主义、民主主义这些曾经作为探索中国发展道路的西方理论方案行不通，通过对近年来中国改革开放取得的成果研究，以及对比世界其他发展中国家发展的现状，认识到中国特色社会主义理论体系因为指导了中国人民实行改革开放，所以具有科学性、人民性和开放性，为当代中国指出正确的发展道路和方向，迎来了中华民族伟大复兴的光明前景。

特别是党的十九大以来，习近平站在时代发展和战略全局的高度，在改革发展稳定、内政外交国防、治党治国治军等方面发表了一系列重要讲话，形成了一系列治国理政的新理念新思想新战略，深刻回答了党和国家发展的重大理论和实践问题，为理论自信增添了新的底气，这些更加坚定了大学生对中国特色社会主义理论的自信。

（3）全球化有利于增强中国特色社会主义制度自信

中西方不同国家的交流，为大学生开展制度比较研究提供了机会。通过比较世界各国的社会制度，大学生可以认识到中国特色社会主义制度是历史的选择、人民的选择，是中国共产党领导中国革命、建设和改革的经验智慧结晶，是当代中国立足国情、继承传统、人民至上、包容互鉴、求同存异的最新成果。虽然西方的自由民主制度曾推动了历史的发展，但也存在很多弊端。

近些年，一些发展中国家照搬西方"自由民主"制度纷纷失败，西方传统工业化道路导致了日益严重的全球生态环境问题，第三波"民主化浪潮"国家出现了政治混乱与发展停滞，"民主之春""英国脱欧公投"等运动中西方民众对其民主制度不断质疑和批判。历史和现实表明。西方"自由民主"制度并不完美。也绝不是人类社会制度的终结者；而中国特色社会主义制度经历了实践检验，显示出巨大优势。随着时间推移，它独特的世界性价值正赢得越来越多世人的认可。显然。全球化提供了便利的条件使学生能够比较研究，能够发现和认识到中国特色社会主义制度的科学性、优越性、先进性。

（4）全球化有利于增强中国特色社会主义文化自信

全球化促进了我国文化的繁荣发展，丰富了人民群众的文化生活，加快了我国文化的对外传播。中西文化交流愈加频繁。尤其在互联网快速发展的条件下，大学生通过电脑、手机等就可以充分了解西方文化。通过学习和对比，大学生能够认识到中国特色社会主义文化既传承了中华优秀传统文化的精粹，又吸收了西方先进文化的养分，还继承和发扬了中国共产党领导创造的革命文化和社会主义先进文化；认识到西方自由民主文化是基于基督教文明与资本主义精神的，而中国历史文化传统和国情有其独特性，中国文化的发展必须走独立自主道路，不能照搬照抄西方的自由民主文化，探索中国社会发展不可能脱离特定的历史条件和文化传统。

全球化给中国文化的对外传播提供了条件和平台，提高了中国文化的对外影响力，彰显了中国文化价值。随着全球化推进。文化多样化深入发展。大学生对中国文化在世界范围内的影响力有了全新的认识，增强了中国特色社会主义文化自信。

2. 市场经济带来的机遇

随着社会主义市场经济的改革与发展，公平竞争意识、自由平等意识、民主法制意识等观念进一步深入大学生心中，社会主义市场经济使受教育者的主体地位明显得到提升，这些观念和意识逐步改变了教育者和受教育者之间的传统地位，师生之间的互动性得以加强，大学生分析与解决问题的能力得以提升，有更多的机会把理论与实践相结合。教育者和受教育者的共同参与度提高，有利于更好地开展思想政治教育。

（1）社会主义市场经济有利于增强师生之间的互动

在社会市场经济地位没有确立以前，尤其是在计划经济时代，思想政治教育方法较为单一，主要是教育者向受教育者灌输理论，受教育者处于被动地位，教育者和受教育者之间的地位不对等。市场经济中的平等、自主、参与、竞争等意识深入人心，当代大学生主体地位意识显著增强，受教育者在学习中更愿意突出自己的地位，更希望与老师开展互动，更乐于把自己的观点在课堂上进行分享；在教学活动中，学生的参与性、积极性、需求性也较高，思想政治教育的第一课堂和第二课堂变得更加活跃，这些都增加了思想政治教育的实效性。

（2）社会主义市场经济为大学生提供理论与实践相结合的机会

随着市场经济的发展，经济越繁荣，大学生越有机会参与市场经济实践活动，在参与过程中，获得大量的学习素材、资料、案例，学生把课堂理论和社会实践相结合，二者之间互相作用，相互影响；在课堂学习中，学生能够思考社会中的各类现象和问题；在社会生活中，有更多机会把课堂所学知识运用到对现象的分析、对问题的解决上。

不仅如此，社会主义市场经济的发展提升了大学生分析与解决现实问题的能力，大学生作为受教育者，除了在校园内获得理论知识、科学方法外，还从与其他公民的交往中汲取了生活经验，提高了工作技巧，提升了职场能力等。总之，市场经济的发展使大学生积极参与市场活动的意识显著提高，分析与解决问题的能力得到了整体性的发展。

（3）社会主义市场经济为思想政治教育提供了物质基础

思想政治教育活动作为教育活动的有机组成部分，需要赖以生存和发展的物质基础。经济发展得越好，生活水平越高，大学生就越有信心学习、参与思想政治教育活动，对国家制度、党的政策认可度越高，思想政治教育效果越佳。

反之，如果经济发展停滞不前、持续下滑，生活水平得不到保障，大学生就业率低或社会失业严重，学生就越没有动力和信心学习及参与思想政治教育活动，只会关注与就业有关的专业知识，对于政治理论课漠不关心，思想政治教育活动开展的效果就会越来越差。

社会主义市场经济的发展使社会物质产品、精神产品更加丰富，这增强了大学生对生活的信心和对未来共产主义美好社会的向往。社会主义市场经济的发展为思想政治教育创造了不可或缺的物质基础，为思想政治教育活动带来了新的生命力。

3. 科技革命带来的机遇

科学技术发展日新月异，新科技革命以信息技术的广泛应用为标志，数字化、网络化、信息化成为社会经济发展的大趋势。我国互联网用户，尤其是移动互联网用户发展迅猛，互联网推动了服务型政府建设及信息公开，互联网构建了透明的公益新生态。互联网普及率持续提高，中国网民规模已经相当于欧洲人口总量。大量数据从不同侧面折射出我国互联网发展的新成果、新趋势、新动向，此处不再赘述。

（1）新科技革命使获取信息、接受教育、传播文化更加便捷

大学生利用互联网了解世界、参与政治，思想政治教育工作者借科技手段开展工作，新科技革命为思想政治教育提供了前所未有的发展优势和机遇，给思想政治教育带来深远的影响。科技成果的广泛使用创新了思想政治教育教学的新手段，思想政治教育活动作为一种实践活动，与其他任何社会实践活动一样，因为工具的创新、手段的更新为思想政治教育活动提供了便捷途径，从而提升了思想政治教育的时效性、实效性。

科技革命实现了从理论到实践的转化，最终通过生产活动创造出人们所需的商品，课堂所需要的各类多媒体设备、电脑和移动终端设备，以及为教学服务的各类网站、APP、微博、微信等平台，为思想政治教育提供了极其便利的手段，改变了传统的板书、课本讲授方式。新科技不断地融入思想政治教育工作中，通过大数据可以实现智能化的思想政治理论课教学，如 VR 技术为大学生提供了诸如"重走长征路"等虚拟现实体验。各类教学内容、图片、音频、视频借助于新的技术展现给学生，在最短的教学时间里输出最大化的教学内容。这些科技成果在思想政治教育活动中呈现出生动、直观、交互等特征，深受学生喜爱，增强了大学生思想政治教育的时效性、针对性、灵活性，创新了思想政治教育的手段，与当前高校思想政治教育发展的新情况、新形势相融合。

互联网的创新发展丰富了大学生思想政治教育的新载体，互联网技术的发展和应用为大学生的政治参与提供了载体，开辟了渠道。随着无线通信、数字电视和移动互联网等信息技术的发展，国家的政治生活和社会生活都增加了透明度，公众能够利用大众传播媒介较为有效地监督政府，表达诉求，影响政府的决策过程。

（2）科技发展使公民的科学文化素质和参政能力普遍提高

科技发展带来物质生活条件的改善、劳动方式的改变，使公民的科学文化素质和参政能力普遍提高，并有充足的时间参与政治生活。互联网技术的快速发展，催生了网络论坛、QQ 群、微博、微信、可留言新闻面板等，这些平台均是当代大学生网络活动的重要场所。

每个平台都可以见到不同的观点，经常能够看到一篇在微信朋友圈广

泛传播的、阅读量超过 10 万次的文章，这些文章中有社会评论、政治见解、经济分析、热点探讨，使大学生有更多的机会获悉不同的政治知识与见解、各类新旧思想观念、各种角度的分析和评论。互联网不仅提供了传播下载平台，而且提供了输入上传入口，大学生有机会发表个人的政治见解以及对各类事件的看法。

（3）科技生活方式的变革拓展了大学生思想政治教育的新空间

互联网技术促成了一种新的大学生学习与生活方式，改变了他们之间的交流方式与互动关系。它使每一个个体都能够与其他个体相互关联，通过交往与结合，个体的力量变得更强大。在互联网时代，社会就像一张无形的网，将每个个体、组织、集团都纳入其中，且能够保持有序、高效、低成本运行，因此互联网时代的特征被概括为大数据、跨界、高效、创新、信息共享。

思想政治教育活动的空间随着互联网触角的移动，深入社会各个领域，波及社会各个阶层。互联网所能到达的地方，就会有思想政治教育活动的身影。电台、报纸、电视、移动客户端纷纷出现在互联网上，尤其是移动互联网的快速发展，使人们随时可观看各类新闻资讯；通过关注主流媒体或报刊的电子版、微信公众号、移动客户，就可以看到时政快讯、时事评论。科技革命使思想政治教育的空间得以拓展，大学生得以实现政治认知与参与。新科技革命催生的互联网，尤其是移动互联网，正以一种新的方式不断地拓展思想政治教育的空间，使思想政治教育效果得到了质的飞跃。

可见，新科技革命为思想政治教育的发展提供了历史新机遇，互联网、信息技术、数字化等促进了受教育者自身素质的提高，教育者能够借用新科技成果，开展思想政治教育活动，创新思想政治教育手段，丰富思想政治教育载体，拓宽思想政治教育空间，它以一种不可估量的力量推动着思想政治教育活动向前发展。

4. 高职"课程思政"面临产教科融合带来的新挑战

《国家职业教育改革实施方案》明确指出未来高职教育办学由政府举办为主逐渐转向政府统筹管理、社会多元办学，人才培养也逐步由学校为主转向学校、企业等多主体培养。产教科融合已成为高职院校重要办学模式和人才培养特色，其基本要求是人才供需融合、人才培养融合、社会服务融合和文化育人融合，有效路径可概括为"五位对接"[①]：将专业建设、课程建设、师资队伍建设、实践平台建设、人才培养模式或改革与区域产业、行业、企业进行人才培养要素对接。实施产教科融合有效提升了人才的技术技能水平和职业综合能力，但也要看到这种办学模式对开展课程思政带来新的挑战，主要包括如下几点。

（1）校外实训环节增加，带来"课程思政"时空覆盖难度

高职院校侧重技术技能人才培养，课程体系偏向于专业和实践教学，产教科融合办学的主要特点是通过校企深度合作、工学有效结合来加强实践教学、岗位实训，思政课程相对专业课程实操性、技术性较弱，在产教科融合中会造成"课程思政"思想认识的缺位。产教科融合实施会进一步增加校外实习实训课时，"课程思政"所需覆盖的课堂范围将从原来单一的校园扩大到"校园+校外产教科融合教学点"，思政教育在专业课之外再去企业进行实践教育，既然浪费时间经费，也会因为实践任务叠加导致学生产生厌学的情绪，"课程思政"面临教学空间拓展和时间挤压而导致教学辐射效果弱化的现实挑战。

（2）教学课程体系开放，带来"课程思政"内容形式设计难度

产教科融合背景下，各个专业的教学课程体系会更加开放，为了跟上行业企业技术发展，提高教学针对性和实用性，高职院校校企合作课程、合编教材的开设和使用比例会进一步扩大，这将带来"课程思政"在内容设置、素材选择和开展形式上的新挑战。如同一门思政课在不同专业所面对的行业企业不同，这就要求在内容设置、元素选取上有所不同，既要考虑行业性质差别，也要考虑企业文化差异。再如，不同专业实践教学和企业实训的方式各异，如化工类专业实习同班学生可能分散在不同的班组，建筑类专业实习同班学生可能分散在不同项目部，计算机类专业实习同班学生则可能相对集中在同一个写字楼，不同专业的教学实践实训形式不同也给"课程思政"的开展形式带来新挑战。

（3）多元主体协同育人，带来"课程思政"师资队伍建设难度

"课程思政"实施效果最重要的还是要依靠一支业务突出、素质优良、

---

① 胡昌荣. 五位对接：高职教育"产教融合"的有效路径 [J]. 职教论坛，2017（12）：42.

专兼结合的师资队伍。产教科融合会进一步推动多元主体协同育人，如很多高职院校成立了"校企双主体"二级学院，实现行业企业作为办学主体能够参与人才培养全过程，这其中的亮点就是师资互聘、人才共享，行业专家、企业工程师被聘为学院教师，直接参与实践教学。这些行业企业专家本身的思想政治素养参差不齐，即使有一部分人员是国有企业党员，但在"课程思政"能力方面还是缺乏理论和实践经验，"在专业课教学中融入思想政治教育元素，对于专业课教师来说是一项极具挑战性的工作"①，对于行业企业专家和工程师而言更是一种新挑战。同时，针对校外行业企业专家参与教学，高职院校也需要防范产教科融合办学环节中的意识形态工作风险。

（三）思想政治教育融入产教科融合过程中的必然要求

1. 高职院校深化产教科融合的必要性

（1）产教科融合是服务经济社会发展的需要

在办学层面，产教科融合是高职院校服务社会经济发展的需要。当前，我国高等职业技术人才供给不足、结构性矛盾突出等问题已经成为制约社会生产力发展的瓶颈。因此，必须大力发展职业教育。而要解决这些问题，关键在于加快推进职业学校转型升级。

高职院校办学的重要任务和发展的根本在于为地区经济和产业发展服务，产教科融合人才培养模式有助于高职院校节约统筹资源的经济成本和时间成本，能够最大限度地发挥育人合力；同时能够为社会提供更多人才，提高企业对高技能人才需求的满意度，促进产业结构调整和优化升级。产教科融合、校企共育是一种有效的人才培养机制，通过这种方式，可以将各方的优势发挥到最大，从而实现学校与企业长期、稳定的合作关系，从而确保各方的优势资源能够不断地投入到技能人才的培养中，从而发挥最大限度的教育合力。

产业构成的核心是产业技术，其发展依赖于产业技术的创新和高技术技能人才的培养积累。高职院校产教科融合人才培养是对接地方产业升级、

---

① 程德慧. 产教融合视域下高职院校"课程思政"改革的探索与实践[J]. 教育与职业，2019（03）：71.

为地方经济发展服务、为传统和战略性新兴产业培养大批技术人才的重要途径。

（2）产教科融合是实践育人全面发展的需要

从教学层面来看，产业与教育相结合，是高职院校实践育人的必然要求。学生通过在企业的实际生产环境中的锻炼，不仅能够学习到先进的生产技术、生产工艺，还可以了解企业的经营管理模式和企业文化等，有利于培养具有良好职业道德、优良职业素养、扎实专业理论、高超的专业技能和创新精神的技能人才。通过建立产教科融合的人才培养机制，可以根据企业的实际需要在培养目标、教材设计等方面，在教学过程中融入岗位所需的技术技能和职业标准等。同时，企业对人才的需求也会随着社会的不断发展而改变，通过校企合作，学校能够及时调整人才培养的方向和目标，使高职院校能够更有针对性地培养出对接市场需求的人才，从而实现人才链和产业链之间的有效衔接。

（3）产教科融合是实现平衡人才供需的需要

从宏观层面来看，我国产业结构及发展模式转型升级，经济的发展不断增大对高素质技能型人才的需求。从学生的角度来看，毕业生想要找一份与自己的职业技能、发展前景和个人能力匹配的、能充分发挥其个人价值的工作。然而，由于学生的职业生涯规划不明确，教育体制的有待健全，经济社会发展阶段的转变等，使得大学生找到适合自己的工作并不容易。

因此，为了更好地实现人才供求之间的平衡，适应企业日益多元化、个性化的需要，高职院校必须进行人才供给侧改革。结合产业发展的实际情况和发展趋势，不断构建完善的产教科融合的人才培养模式，实现"精准化"人才培养。

2. 产教科融合与高职院校人才培养的内在联系

（1）高等职业教育质的规定性

高职院校是实现社会工业化、生产社会化和现代化的重要保障，承担着为生产、建设、服务、管理等领域输送人才的重要任务。高等职业教育与普通高等教育相比，更重视对理论知识和实践能力并具的技术应用型人才的培养。所以，产教科融合有助于高职院校在人才培养过程中融入产业及社会发展需求，培养出高素质复合型人才。

（2）高素质技能人才培养的复杂性

高职院校培养的人才要具备较高素质和较强的技能,能够服务于生产、建设、服务和管理的一线。培养高素质技能人才,应以就业为导向、素质为本位、能力为基准,理论知识与实践能力并具。目前我国社会知识更新周期不断缩短,高素质技能人才要具备可持续发展的能力,才能不断适应我国产业结构的升级和科学技术的发展。因此,人才培养更为复杂。高职院校传统的人才培养模式,大多以学校专任教师在课堂讲授为主,虽设有相应的实训课程,但受到师资理论、硬件设施、教学场地等的局限,实践训练不够深入,导致高职院校人才培养目标与企业用人需求脱节,造成毕业生就业难、企业用工难的双重不利境地。产教科融合人才培养模式能够打破传统授课模式的壁垒,成为解决高职院校培养高素质技能人才不可或缺的途径。

（3）高职院校在现代职业教育体系中的主导性

在现代职业教育体系建设中,高职院校在转变经济发展方式、调整产业结构、继续教育、促进职业教育的协调发展等方面扮演着重要的角色。随着经济转型与产业结构调整,高职院校在密切关注传统产业的同时,也着眼于为新兴产业和高新技术产业培养人才。然而,我国高职院校人才培养模式还存在一些问题,如专业设置过于集中、课程结构不合理、实践教学环节薄弱等。因此,要加快高职院校的改革步伐,建立以"双元制"办学体制为主线,以企业需求为导向,以提升学生综合能力为目标,以产教科融合为核心的新型人才培养模式,才能更好地满足社会对高素质技能型专门人才的需要,解决我国产业高质量发展急需人才的客观要求。

3. 产教科融合对高职院校人才培养的要求

（1）产教科融合对高职院校人才培养理念的要求

在人才培养理念方面,由于高职院校自身的职业属性决定着其与普通高等院校的人才培养目标有别,其属性要求人才培养应以职业技能为导向。产教科融合需要学生在实际工作中运用理论知识,使其与实际工作有机相结合,而非仅限于理论层面。产教科融合的理念应该贯穿整个学校和企业共同育人的整个教学过程中,做到将理论与实践相结合,教育与产业相结合,人才与市场需求相结合。以市场需求为导向,注重学生综合素质和自主学习能力提高的人才培养理念是产教科融合所提倡的，使学生能够更好地适应市场需求的变化。

（2）产教科融合对高职院校人才培养过程的要求

在人才培养过程方面，产教科融合要求高职院校能够动态地适应产业发展的需要。因此，学校要积极主动地进行市场调研，对市场的用人需求进行预测，并针对不同的实际情况，进行分类的人才培养，后续要根据市场的变化对人才培养进行动态的调整。在教学内容上，应注意将理论知识与实践活动相结合，将理论知识及时有效地转化为实际操作能力。另外，学校要在政府的牵头下，积极与企业展开合作，共同制订人才培养方案。

同时，建设一支"双师型"的师资队伍对于培养高素质的人才具有重大意义，高职院校要加强和加快"双师型"师资队伍建设。同时，教师在对学生进行考核评价时，应摆脱单一的评价方式，从政府、学校、行业企业三方面分别进行考核，实现产教科融合的要求。

（3）产教科融合对高职院校人才培养方法的要求

从培养方法上看，高职院校要加强与企业的交流和合作，制定人才培养计划。培养中要重视使学生达到知识与实践的统一，使其在课堂上能及时将所学理论知识应用于实践，注重学生在学习过程中的实践比重，从知识本位转变为能力本位、从重视课堂和书本教学转变为重视生产和实践教学。要以政府为主导，改变以往单一的教学模式，向多元化的教学方式转变，积极搭建校企协同育人平台，实现资源共享。同时，要完善政府的保障力度，确保高职院校和企业合法、有效以及稳定地培养人才。

第五章　　产教科融合过程中高职大学生
思想政治教育面临的挑战

高职院校可以通过产教科融合、校企合作培养复合型人才。企业蕴含丰富的思想政治教育资源，对于大学生形成良好的道德品质、行为习惯、政治素养有着积极的作用。产教科深度融合，可以显著提升大学生的素质，促进文化与技术的创新，促进产业结构调整，提高教育质量。当前产教科融合模式下高职院校大学生思想政治教育渠道和途径在不断拓展，对其重要性认识不断提高，其考核评价体系不断完善，学生综合素质能力不断提高，整体向高质量方向发展。然而，产教科融合并没有取得预期的效果，在联合育人目标定位和自身建设等方面出现了许多问题，这种办学模式对大学生思想政治教育带来新的挑战。

一、缺乏系统的职业教育产教科融合政策体系

目前，我国职业教育产教科融合在发展上遭遇了瓶颈。一方面与职业教育自身的发展欠成熟有关；另一方面与缺乏系统的职业教育产教融合政策体系有关，在产业与教育融合的发展过程中和改革过程中，政策顶层设计滞后，无法有效引导，导致我们还不能准确理解产教科深度融合的真实要义，产教科也无法有效融合。

首先，尽管在国家和省级层面已经出台了产教科融合相关政策，但政策过于宏观、趋于封闭、缺乏相关支持、偏重规模，导致我国职业教育产教科融合政策在一定程度上落空、失效，实际操作起来较困难，难以满足市县及其教育领域、产业领域全面深化产教科融合的需要。目前为止，我

国还没有出台专门的关于产教科融合的法律，因此，在新时代亟须构建产教科融合政策体系，助力产教科深度融合。

其次，现行政策在执行中存在冲突。第一，政策在执行过程中存在部门冲突。行业企业属于私人部门，职业教育属于公共部门。行业企业参与产教科融合时，首要考虑的是投资回报。职业教育参与产教融合时，首要考虑的是公共服务。我国职业教育仍属于昂贵的教育，长期以来，由于资金的缺乏，使得教育部门独自提供公共服务力不从心，需要寻找合作伙伴。职业教育参与产教科融合，更多的是希望行业企业提供资金、资源的支持，为社会提供优质的公共服务。虽然，国家出台了一系列政策文件鼓励行业企业参与产教融合，但由于政策体系并不完善，存在风险，加之，产教融合项目投资规模大、建设周期长、风险大等特点，行业、企业可能无法获得预期的投资回报，因此，作为私人部门的行业、企业对于产教科融合的参与，更多的是持观望的态度，不敢轻易参与。第二，政策在执行过程中存在利益冲突。行业、企业与职业院校在产教科融合参与上还未达成一致，是学校、企业、行业在融合过程中产生利益冲突的首要原因。行业、企业作为经济主体，追求经济利益是其首要目标。行业、企业参与产教科融合时，为实现经济利益的最大化，会想尽一切办法突破各种限制与束缚，压缩生产成本，以最低的成本从职业院校获取优秀的人才资源、技术资源，从而提高行业、企业的生产效率、创新能力、综合竞争力，实现长期效益。而职业院校作为培育人才的主体，立德树人是其首要目标。职业院校在产教科融合过程中希望行业、企业提供资金、资源，为师生提供一个良好的实习实训的真实环境，帮助教师深入实践，提高专业知识与实践能力，帮助学生建立与市场的联系，为就业打下基础，从而实现立德树人的目标。另外，因合同不完备而无法完全契约，是在融合过程中产生利益冲突的主要原因。行业、企业在参与产教科融合时，希望在完全契约下与公共部门共同分担风险，但产教融合项目本身是一项复杂系统，加之相应的政策体系不完善，学校、企业、行业难以对合同完全契约。当行业、企业面对风险分担、收益分配、激励补偿等不合理时，就会向政府部门提出相关要求，而政府部门为降低自身的损失，无法完全满足行业、企业的全部利益要求，此时产教双方就会因利益产生冲突。第三，政策在执行过程中存在责任与权利冲突。一方面，行业企业作为产教科融合的需求方，认为产教科融合属于社会公共事务，政府、职业院校才是责任主体，政府应该要向参与产教科融合的企业、行业进行一定的补偿。而政府、职业院校则认为，行业、企业参与产教科融合是其不可推卸的社会责任，应该积极参与，应该在资金、技术、资源等方面提供支持与帮助，理念的差异导致政策在执行过程中存在责任冲突。另一方面，行业、企业作为市场的主体，希望在权利平等的基础上推进与职业教育的融合，但产教科融合项目权责关系本身较为复杂，并且履约时间长，产教科融合项目在运行过程中，行业、企业与职业院校很容易产生矛盾与纠纷。职业院校作为公共部门，在政府部门的领导下，处于优势地位，在处理矛盾与纠纷时享有话语权、主动权等更多的行政特权，可以利用自己的特权修改契约内容，将矛盾与纠纷推给行业、企业。而行业、企业作为私人部门，在处理产教科融合过程中的矛盾与纠纷时处于弱势地位，受到政府部门的监管、束缚，权利受到限制，导致政策在执行过程中存在权利冲突。

二、培养目标不精准，培养全面人才受制约

教育理念就是在教学进程中形成的教育价值取向的反映、体现和追求，是教育持续性、稳定性发展的指导理念。产教科融合将学校与行业企业两个不同的社会系统联合在一起，是校企合作的深化与升华。国家对产教科融合的发展高度重视，这给思想政治教育创新发展带来了机遇。高等教育的教学工作如何展开，怎样培养人才，考虑这个问题，首先要确定人才培养的目标。我国高校就是为社会主义培养建设者和接班人，但在实际的教学过程中，校企双方的目标利益不一致，教育理念也难以统一，存在培养目标不精准，培养全面人才受制约的问题。

（一）培养目标不精准的问题

1. 学校方面的教育导向问题

"大学之道，在明明德，在亲民，在止于至善。"（《大学》）大学之为大，就是在授业解惑中引人以大道，启人以大智，使人努力成为栋梁之才。教育不仅要传授专业知识，还要在塑造大学生道德素质、理想信念上下功夫，

促进大学生德智体美劳全面发展。然而，在大学生思想政治教育进程中，部分学校的教育思维片面固化，轻视产教科融合成效。

第一，教育思维片面固化。当今世界正处在百年未有之大变局中，国际形势总体上保持稳定，但局部冲突和热点问题此起彼伏，经济全球化进程不断加快，但贸易保护主义也有抬头的倾向。从国家发展角度讲，教育与民族振兴和社会进步有重要关系。在这个大变局的时代，必须提高综合国力，提高科技竞争力，才能屹立于世界民族之林。在国内外形式的倒逼之下，高校更重视科学技术、专业技能的培养。主要表现为：设置多门专业课程，开展专业技能素质训练，请领域内的专家开讲座，并用试卷的方式检验学生的学习成果等。专业技术是大学生个人成长、经济发展、社会进步的重要推动力。在毕业求职的过程中，专业成绩也有很大的影响，专业能力的强弱往往决定一个人的发展前途。这种形式使高校自上而下，从教师到学生都将专业学习与思想政治教育割裂开来，教师忙于学科专业研究和专业理论教学，大学生忙于专业课程的学习，都把学习的重点放在专业领域，忽略了文化素养的熏陶和道德素质的培养，忽略了思想政治教育对专业知识学习的促进作用，没有做好思想道德方面的教育。大学生的思想道德素质并没有与知识技能同步提高，片面追求专业最优。

第二，轻视产教科融合成效。人才培养是高校办学的初心，是办学之本。高校为我国的改革开放和社会主义现代化建设提供了源源不断的人才和智力支持，充分彰显了高校人才培养、科学研究、社会服务、文化传承创新的四大职能。思想政治教育不是纯理论教学，也没有固定的模式，这是一项随着经济发展和社会变化不断创新的事业。当前，经济结构供给侧改革对人才、知识等高级生产要素需求加大。构建实践育人模式是时代发展的要求，是教育规律的要求，也是大学生成长成才的要求，更是创新教育模式的要求。但高校思想政治教育课普遍重理论，轻实践。一部分人认为实践教学只是理论学习的补充，为应对教学检查，参观红色纪念基地、开实习证明式的实践教学现象普遍存在。加上前期校企合作育人的思想政治教育效果不佳，使许多人对产教科融合与思想政治教育的相互促进作用持有怀疑的态度，认为产教科融合会增加教育经费开支，增加许多麻烦和问题，但思想政治教育的成效却微乎其微；认为产教科融合的背景下，大学生深入企业实践学习，存在极大的安全隐患——大学生人身安全难以保证，习得的知识也有限，道德素质并没有得到升华，投入和产出不成正比，不是一种高效的思想政治教育方式。

2. 企业方面的教育导向问题

企业是从事生产、流通、服务等经济活动，以服务或生产满足社会需要，是自主经营、独立核算、依法设立、具有经济法人资格的一种营利性的经济组织。无论是哪种经济类型的企业，它都属于社会生产的部分，本质上就是经济活动。企业要联合学校，跨界创新发展，就与原有的发展理念存在冲突，主要矛盾如下。第一，过多着眼于企业自身利益。企业作为一个组织，是用资本赚取利益的经济实体。企业是商品生产和流通的主要承担者，是市场经济活动的主要参与者，是科学技术进步的主要力量，是社会财富的主要创造者。就企业的本质而言，它属于追求盈利的营利性组织。产教科融合中，企业的价值追求在于获得合格的员工、必要的技术支持及企业员工培训等，但产教科融合是一个高投资，见效慢的工程。在前期需要许多准备工作，其中需要大量资金的投入，需要协调校企间的利益，制订好教学计划。大学生虽然在学校学习了最新的、最前沿的理论技术，但因缺少实践经验，实际操作能力并不能直接胜任企业具体实践生产，对企业生产技术创新的贡献也非常有限。企业还需要对大学生进行岗前培训，安排有经验的员工引导大学生。但大学生在企业实训结束后，未必会留在企业工作。企业并没有在产教科融合中完成人才储备工作，也没有获得肉眼可见的收益，有效的投入与有效的产出在短期内难以看出效果。这完全与企业追求利益的本质相悖，所以企业在产教科融合的过程中动力不足，状态不佳，更多的精力还是放在企业自身利益上，产教科融合呈现高校"一头热"的状况。

第二，漠视实训中综合素质培养。在产教科融合中，学校和企业作为教育的双主体，都担负着育人的重任。但两者作为不同的社会系统，双方的本质追求也不一样，使合作的目标难以协调。企业的本质是盈利，这就决定了企业的出发点有非常大的功利性。许多企业在参与产教科融合时，只是为了寻求廉价劳动力，并没有真将育人落到实处。许多大学生被安排在工作内容简单、没有技术含量的岗位，在整个实习的过程中，专业技能得不到锻炼，科技创新更无从谈起。一些企业没有安排经验丰富的员工引导大学生，全依靠大学生自己观察、模仿、学习，实习中的疑惑不能及时解答。大学生在企业实习与企业正式员工间也存在一定的利益冲突，大学生与正式员工之间有了一层天然的屏障，这也使企业很容易忽略实践教学的质量、产教科融合的初衷。再者，大学生进入企业实习，面对实践学业压力、企业工作压力、多元文化冲击，都会出现一些心理变化。例如：焦躁、不安，以及对自我的怀疑等。这就需要及时对大学生进行心理疏导，帮大学生克服心理矛盾，引导大学生保持积极健康的精神状态。但企业没有相应的负责人员和机构。企业单纯追求效益，对员工思想上的引导极少。在产教科融合中也没有配套的思想政治教育，并不符合德智体美劳全面发展的育人理念。

3. 职业核心素养培养目标达成度不高

高度智能化、信息化已然成为了未来的发展趋势，反观我国关于职业教育的政策文件，20世纪80年代的政策文件当中所出现"技术型人才"到现如今出现更多的"高素质技术技能型人才"的转变，我国于2019年出台的《国家职业教育改革实施方案中》就明确提出职业教育应着力培养高素质技术技能人才，深化复合型技术技能人才培养模式。随后出台的《关于职业院校专业人才培养方案制定与实施工作的指导意见》中也明确指出职业教育需加快复合型技术技能人才的培养。纵观国家政策文件不难发现，高素质、复合型技术技能人才已然成为了新时代高职的代名词。这不仅只是一个名称的转变，其背后承载着时代的转变，即高职教育人才培养目标的转变存在应然性。智能制造不断向前发展、高度数字化倒逼产业转型升级的背后是人才需求转变的折射，产业企业需求发生转变更是让高职教育不得不重新厘定人才培养目标。与此同时，笔者亦对部分高职院校的人才培养方案进行比较分析，发现目前大部分高职院校已经把高素质技术技能人才定位为人才培养目标，具体表现为培养具有职业生涯发展规划能力、社会责任感、爱国情感和国家认同、爱岗敬业、创新创造意识、质量与绩效意识、团队合作意识、主体责任意识、职业适应与耐挫能力、岗位迁移能力等。由此可以看出，高职院校的人才培养目标逐渐融入国家政策文件的要求，高职院校已经从注重培养专业知识和技能向注重专业知识技能、职业素养的培养。尽管大部分高职院校已经把职业核心素养的培养列入人才培养方案中，但总体来看，培养目标的达成度并不高。

（二）培养目标不精准的原因

1. 产教科融合人才培养的教学体系脱位

目前，高职院校在专业设置、人才培养目标等方面存在着与产业需要衔接不恰当的问题。《国家职业教育改革实施方案》中规定，要按照"专业设置与产业需求对接、课程内容与职业标准对接、教学过程与生产过程对接"的要求办学。[①]高职院校在专业设置中并不能完全对应产业需求，许多学校都把重点放在了国家热门专业的建设上，而不重视与本地产业的实际需要相结合，也容易忽略对学生的专业要求和人才培养目标的解释，造成了学生在选择专业时不了解专业学习内容，选择了不适合自己的专业，只有在不断的学习中，才会逐渐意识到专业的人才培养目标。

目前，政府、企业对高职院校人才培养方案的制定参与度并不高且多为间接参与，学校依然起主导作用，但学校存在着不能准确把握社会对于人才的需求趋势，因此导致了产教科融合过程中高职院校人才培养的教学体系脱位的问题。

2. 政府在产教科融合中支持引导不到位

近年来，政府颁布了产教科融合相关的政策文件，但在贯彻执行层面上，缺乏具体的执行标准，实施细则不完善，指导和约束力不强。例如，如何能够在实践层面上将文件精神和相关政政策发挥实际作用，来推动产教科融合的发展。政府要进一步加强支持产教科融合的力度，使更多要素向高职院校聚集，以更加开放的战略支持产教科融合的发展。

3. 企业在产教科融合中参与主动性不高

在实施产教科融合的过程中，企业参与学校的课程建设是基本要求，主要指标包括专业建设、课程建设、师资队伍建设和教学评价等，但目前企业参与的积极性还不够高，留于表面。由于受传统观念和利益关系的制约，许多企业在寻求合作伙伴时，往往会选择具有绝对优势的目标。

---

① 石伟平，郝天聪. 产教深度融合　校企双元育人——《国家职业教育改革实施方案》解读 [J]. 中国职业技术教育，2019（07）：5.

目前，高职院校产教科融合中普遍存在的现象是学校热、企业冷，很多校企合作中企业显示出被动参与的特性，企业单纯为满足劳动力需求而参与学校合作。参与校企合作的企业热衷于与高职院校进行订单式培养，以低成本获得促进企业生产的一线劳动力，但是对于学校人才培养方案设置等方面，企业的参与程度不高，导致产教科融合在高职院校实施的长效保障机制不足，究其原因，是学校的公益属性和企业的利益属性之间无法达到相对平衡的状态。

三、管理机构不系统，精细管理效果受制约

管理机构是在社会生产力到一定水平、高度，在相应的社会生产关系的要求下产生设置的，既是协调组织各方生产力的机构，也是管理各项事务的机关。机构是职责的载体，职责是机构的内核。产教科融合培育人才使教育环境更加复杂，与单一的学校教育相比任务也更加艰巨。这时亟需一个科学的管理机构协调学校与企业各自的目标诉求，整合双方资源，推动产教科融合更好更快的发展。但在产教科融合具体的实践过程中，往往忽略管理机构的重要作用，并没有完善管理机构，发挥不出其连接校企的关键作用，难以创造最佳教学成果。

（一）管理机构不完善

在产教科融合过程中，学校和企业作为教育的参与者、科技发展的推动者，在新时代复合型人才的培养过程中发挥着十分重要的作用。通过系统完善的管理机构，专业化的管理技术，提高产教科融合过程中大学生思想政治教育成效显得尤为重要。完善的管理机构，是提高产教科融合培育人才质量、提升学校教学水平和企业市场竞争力最有效的方式。但由于学校与企业在联合培育人才关系的不确定性，校企双方未注重构建完善的管理机构。

第一，机构设立不科学。企业是一个营利的单位，但在产教科融合过程中，企业要与学校一起担负起教育的职责，这时要展现它服务性的一面。管理机构作为产教科融合提供全面服务的机构，它的职能就是为大学生的发展提供全面的、积极的、高质量的服务，富有实效性的维持产教科融合

培育人才的秩序，促进产教科融合长效发展。但在实际情况中，管理机构的设立多数并没有经过严格的审查和考核，致使管理机构存在许多不科学之处。一方面，管理机构设置不科学，权责分配不合理。在产教科融合过程中，校企双方的管理机构权责分配不合理。当大学生在企业实习时，面临诸多的文化冲击和各式各样的诱惑，需要格外注重思想引导。但学校和企业都未担任起思想引导的重任。另一方面，管理机构重叠，运行效率低下。校企双方的管理机构在设置上存在重叠现象，且一些企业认为思想政治的引导隶属于学校的职责，学校又鞭长莫及，致使思想政治教育被互相推诿。

第二，机构内部管理松懈。管理机构设置科学化，是有效管理、促进产教科融合长效发展的重要保障，是全面提高大学生综合素质的基础。但是，在产教科融合过程中，一些机构内部管理非常松懈，工作不够严谨，很不利于人才培养工作的开拓创新。一方面，机构内部缺乏有效的制约机制。任何工作的开展都要自觉接受监督，监督是促进工作又好又快完成的重要举措。在学校和企业联合培育人才的过程中，虽然有相关的管理制度，但管理内部制约监督意识淡漠，对于管理人员的懈怠以及不合规矩的行为未能及时发现和制止。大学生出现的问题，也被大事化小，小事化了，没有重视问题的严重性。另一方面，管理负责人的观念松懈，缺乏责任心。在产教科融合育人过程中担任管理的负责人和相关人员管理意识淡薄，单纯追求大学生实践技能的提高，管理松懈，缺乏及时有效的思想政治教育和引导，使产教科融合疏于形式，停留于基础的技能培育，未真正将立德树人落到实处。

（二）管理机构不专业

学生工作是高校工作的重中之重，是开展一切教学任务的基础。大学生来自全国各地，成长历程和生活环境各不相同，给学校的管理工作增加了难度。而产教科融合又将教学拓展到了社会各个领域，这对学校的管理而言无疑是又增加了新的难度，提出了更高的要求，需要更加专业的机构负责学生事务的管理。只有一个专业科学的管理机构才能在复杂多变的环境和出现紧急问题的情况下，快速找到应对措施和解决方案。由于产教科融合不是当下主要的教学方式，自身的发展也没有形成一个完善的体系，在实践过程中管理机构并不专业，负责的任务不明确，担任管理的人员也缺乏专业性。

第一，管理机构的主要任务不明确。从本质上而言，管理就是采取某种手段，将有形无形的资源进行优化配置，达到最优目标，成本最小，效益最大。其中最重要的是管理的目标，只有在明确目标的指引下，才能使全部的活动有计划、有步骤地进行。由于产教科融合涉及学校和企业两个社会系统，两者都从自身的利益和任务出发，未能重视学生管理机构的设立，使管理机构的分工不明。一方面，没有具体的培养目标和计划，使管理机构无规章制度可依。在具体的实践过程中学校和企业没有明确的制度条例，都以自身的目标和利益为主，使产教科融合偏离了培养新时代高素质人才的主要任务，学校与企业的培育效果大打折扣。另一方面，管理机构漠视校企商定的计划安排。详细的计划安排为产教科融合指引了方向，但在具体的实践中由于校企双方各自的利益和不同，加上大学生个人素质的差异性，也很难完全按照计划进行。这致使一些计划流于形式，管理机构虽然能更灵活地掌握管理权，但也增加了工作的难度。

第二，管理的工作人员缺乏专业性。任何一项工作要想顺利完成，都离不开管理，在管理工作中最关键的就是人。只有具备扎实的管理基础理论，才能够计划、组织、领导和控制，这是优秀管理者应具备的基本素质。根据产教科融合自身的特殊性，从事学生管理工作，不仅要熟悉学校与企业的各项工作，还要对大学生群体有所了解。但在实际工作中，担任管理的工作人员缺乏一定的专业素养。一方面，管理人员不专业，没有从事学生管理的经验。管理机构的人员分别来自学校的教师和企业的员工。学校教师多从事教学工作，并未熟练掌握管理的技能。相对而言，企业的员工对管理更为熟悉，但他们对大学生的了解有限，也不利于产教科融合的开展。另一方面，未对管理人员进行专业培训，提高相关的管理知识。任何工作开始都要对从事的人员进行岗前培训，但由于产教科融合过程中校企双方将联合育人的重点放在了教学上，忽略了对管理人员的专业培训，使管理人员缺乏了专业性。

（三）管理机构缺少联合互动

新时代高校要重视和加强第二课堂建设，要重视实践育人，坚持教育同生产劳动和社会实践相结合，广泛开展各类社会实践，这充分体现了产教科融合的价值和意义。但学校和企业属于社会两个不同的系统，在联合培育大学生的过程中管理协调就显得尤为重要。管理机构不仅仅要做好大学生在企业实践学习期间的管理工作，更要做好学校与企业的沟通工作，及时传递大学生的发展状况给学校与企业。但在实际情况中，学校和企业负责产教科融合项目的管理部门彼此间相互独立，并没有进行深入合作交流。

第一，学校与企业有各自的管理机构。在产教科融合过程中，学校的理论知识教育十分重要。理论是实践的基础，理论知识不扎实，实践学习也难以取得新进展。德是立身之本，才是立身之基，德是前提、是关键、是灵魂，优秀的人才必定是德才兼备。在产教科融合中，管理机构要做好教学工作的安排，把理论学习、实践锻炼和思想政治教育的时间安排妥当。在现实中，管理机构多数各自制订详细的教学计划，往往忽略思想政治的引导。一方面，学校负责产教科融合管理工作的机构更善于学校内部的事务。学校管理机构在校内有更大的话语权，更容易开展工作。大学生在企业学习时，涉及各方利益，学校的管理机构受到各种原因的制约，开展工作时束手束脚，降低了灵活性。另一方面，企业的管理机构在大学生教学上话语权低。管理是一门科学，也是一门艺术。企业虽然是教学双主体之一，但大学生通常只认可他们的实践教学，企业的思想政治教育往往不被大学生认可。这使企业的管理机构在思想政治教育方面地位轻微。

第二，管理机构间缺乏深度精准合作。学校和企业属于不同的社会系统，管理体系完全不一样。要促进产教科融合的长效发展，就必须增进两者之间的合作交流，破除合作育人中各种障碍。然而在实际中，校企双方大多各自分管本单位内的事务。关于如何协调好校企双方的资源，充分发挥各自的优势，管理机构都未深入的研究探讨。一方面，合作管理困难重重。学校的教师一直都在教育系统内部，或从事教学工作，又或是管理工作，但都与企业完全不相关。而企业的管理人员更熟悉企业管理的方法，对于联合培育大学生的工作也很陌生。学校和企业本质上南辕北辙，服务性和营利性的矛盾使得产教科融合的教育方式从产生之初起就困难重重。另一方面,校企双方沟通不畅。沟通是双方合作得以继续开展的重要因素。但在产教科融合过程中,由于校企本身的性质差异和从事管理的工作人员对彼此的生疏,使校企两者之间沟通不畅。

(四)政府与行业协会职能定位不明确

产教科融合的执行主体是企业和学校,但两者在构建合作机制时需要一个漫长的过程,因此,政府与行业协会作为相关政策制度的制定者,需要充当好企业与学校对接的媒介角色。我国颁布的有关产教科融合政策需要多个部门的共同协作才能落实,而要构建一个协同高效的政府与行业协会组织,需要其认识到自身在深化产教科融合过程中应发挥怎样的作用,考量政策孵化出具体措施后推动工作的形式和路径,以保障产教科融合政策的落实。

之所以会出现政府与行业协会在指导产教科融合发展过程中存在缺位问题,主要是因为两个参与主体没有明确自身的职能。政府与行业协会都是被推举出来的权利代表,二者的职能是保障各自所代表群体的利益,因此,职能随利益需求变化呈现动态特征,并且在不同地区和不同发展阶段其职能也存在一定差异。

从政府的角度进行分析,有些地方政府没有明确推动产教科融合发展的运行指导职能,在政策的制定和发展方向的规划把握上,没有起到引导产教科融合运行的作用。参与产教科融合的主体利益诉求不一样,并且这种利益诉求还会随着发展而改变,为保证在产教科融合的运行中实现校企双方共赢,就需要营造校企双方良性融合的发展环境,而这一方面,地方政府没有通过合理运用规划、完善法律法规、政策制度等来达到教育调控的目的。地方政府作为对地方职业教育的直接管辖和统筹者,需要形成良好的产教科融合机制,才能更好地服务于地方经济的发展,解决人才需求方面的问题。因此地方政府更应当主动发挥主导者作用,通过判断地方产业发展趋势,搭建校企合作平台;综合利用财政支持,税收优惠政策等手段,推动地方职业教育产教科融合的发展。

从行业协会的角度分析,行业协会带有行业自治的性质,不是政府部门,也不是企业下辖单位，因此，往往对自身应履行的职责认识不足。如一些行业协会没有明确标准指导者的职能，具体包括：对市场需求、技术发展需求的发展趋势敏感度较低，没有参与产教科融合对标准认证和发展趋势的预测，在发挥校企合作引导对接过程中缺少发言权；缺乏对市场需求的预测，未为企业创新发展指明方向；没有针对行业标准指导职业院校专业建设和实践教学，建立技能标准认证制度和定量指标，帮助学生就业专业与岗位相适应；行业与政府就职业教育改革、管理体系建立等缺少意见反馈，没有有效利用自身平台，将信息反馈给政府，为政府制度相关政策出谋划策；没有认识到自身的专业性特征，以及其在产教科融合发展中提供专业支撑和作为市场与专业发展风向标的作用。

四、师资队伍不完善，系统指导效果受制约

百年大计，教育为本；教育大计，教师为本。2018 年印发的《关于全面深化新时代教师队伍建设改革的意见》中提到，教师承担着传播知识、传播思想、传播真理的历史使命，肩负着塑造灵魂、塑造生命、塑造人的时代重任，是教育发展的第一资源，是国家富强、民族振兴、人民幸福的重要基石。产教科融合的教学模式，对学校和企业的教师队伍建设提出了新挑战。

（一）教师自身素质有待提升

传道授业解惑，是教师的本质要求。随着我国教育的不断发展，高校开设专业日益多样化，教师也因经济、社会、教育的发展衍生出新的职能要求。但无论如何发展变化，教师最基本、最重要、最本质的要求，就是要承担起教学职责。在产教科融合过程中，思想政治教育被忽略，意识形态工作没抓牢，这也表明了高校教师队伍的问题所在。

第一，专业素质不扎实。专业素质是行业对从业人员的整体要求，教师专业素质是从事教育工作必须具备的特征。"一名合格的教师应具备多方面的专业素质，概括来说包括三个方面：专业知识、专业技能和专业情意。

这三方面决定着教师专业发展水平的高低。"①产教科融合没有达到预期目的，这与教师存在着极大的关系。教师作为大学生学习生涯的领航人、作为产教科融合中的关键教育主体，表现出以下问题。一方面，专业知识还有上升的空间。教师只有精通自己的专业知识，才能在授课过程中将知识准确无误地传授给大学生。我国教师队伍整体素质在逐年提高，但一些教师对自己专业定向不明、研究不深，把握不准；在教学过程中，面对大学生的疑问，不能及时给出合理的解答，对专业研究的责任心不强，难以应对产教科融合过程中出现的各种问题。另一方面，应对实践教学能力欠佳。"教学是一项实践性很强的工作，特别在产教科融合过程中，大学生会参与实践教学，会面对新的环境，会出现新的问题。这需要教师在教学实践过程中不断探索、总结出一套行之有效的实践性知识。"②但教师大多都只局限于理论研究和教学，对于实践方面的具体操作，和实践中的新情况疏于了解，对于产教科融合中的新状况也措手不及。

第二，思想政治教育不深入。产教科融合为了促进大学生德智体美劳全面发展，是素质教育的新载体。素质教育就是要坚持以人为本，坚持从人出发，把德育放在教育的首位，把育人作为教育的核心内容。在产教科融合过程中，大学生思想政治素质提升和"三观"的正确养成，面临着更大的挑战。教师的任务就是要及时解决问题，引导大学生积极健康成长。许多教师在日常教学中并没有承担起思想政治教育的任务。一方面，马克思主义理论功底薄弱。进入新时代，教师是坚持办中国特色社会主义大学的关键人物，但许多教师对马克思主义和思想政治教育的了解不够深入，对相关理论的学习也是浅尝辄止，只是把理论学习当作装饰门面，难以承担起马克思主义教育的重任。另一方面，以德育人不深入。许多教师认为思想政治教育只是思政课教师的任务，与自己无关，自己只要把专业课上好就可以。他们忽视了全员育人、过程育人的重要性，没有将思想政治教育与专业课程有机结合。

---

① 王德强. 教育心理学——教育实践与学生发展取向的心理学研究 M]. 武汉：华中科技大学出版社，2017：56.

② 姚美雄. 教师素质训练和专业发展研究 M]. 成都：四川大学出版社，2018：32.

（二）企业实习教员思想政治素质有待提高

产教科融合就是推进学校与企业联盟、与行业联合、同园区联结，利用企业比较完整的生产线，弥补学校实践教学的不足。大学生虽然在学校习得了丰富的理论知识，但在具体实践操作中还需要经验丰富的企业员工的引导。企业作为另一个教育主体，企业员工作为大学生企业实践中的指导教师，在产教科融合中发挥着重要作用。企业实习教员素质的高低直接决定着产教科融合的实际效果。从已有的产教科融合具体实践案例和相关研究资料来看，企业实习教员自身存在许多问题，没有发挥出预期的作用。

第一，眼界狭隘。人类学家拉尔夫·林顿（Ralph Linton）认为："地位是权利和义务的一种直接的集合，而角色则是体现着地位的动态方面，即角色是围绕着地位而产生的权利义务和行为规范、行为模式，是人们对处在一定地位上的人的行为期待。"[①]企业实习教员也是企业员工的一份子，他们身上具有企业的特点。一方面，企业员工被定性为生产者、制造者、创新者，面对企业工作压力，家庭生活压力，他们对工作效率、工资薪水追求极高。特别是受社会上利己主义、"金钱主义至上"等观念的影响，他们只注意眼前的职位高低和薪资多少，对工作技能，职业道德和个人的综合素质较为看轻。另一方面，在产教科融合过程中，许多企业实习教员并没有真正的承担起育人的职责。他们认为这会耽误自己的工作时间，影响自己的工作效率，技术传授给大学生会影响自己在企业的地位。这种狭隘的心理使大学生在企业实习时被当作廉价劳动力，实践技能发展受限，也会被企业教员功利化的行为影响，非常不利于思想道德素质健康发展。

第二，能力不足。能力指掌握和运用知识技能所需的个性心理特征，也指能胜任某项任务的条件、才能，还指完成一项目标或者任务所体现出来的综合素质。在企业中，对于企业员工而言最重要的是职业能力。职业能力指的是直接影响职业活动效率和使职业活动顺利进行的个体心理特征，它是胜任力的一种表现。通用职业能力，即通用胜任力，指的是一组具有普遍性、可以适用于不同工作岗位的胜任特征，也有研究者将其称为"关

---

① [英]林顿. 行为互动：小范围相遇中的行为模式[M]. 张凯，译. 北京：社会科学文献出版社，2001：20.

键能力""综合职业能力"。在产教科融合过程中，企业通常会选拔职业能力优秀，技术过硬的员工担任大学生在企业实习时的教员，没有考虑到实习教员担任思想政治教育的能力。一方面，绝大多数企业员工对思想政治教育不甚了解，对于进行思想政治教育手足无措，不能将思想政治教育与具体的实践情景相结合，往往把思想政治教育与具体的实践割裂开来，没有利用好企业资源优势。另一方面，企业实习教员缺少细致入微的观察，忽略了大学生个体的独特性，使思想政治教育缺少针对性；且选拔出来的实习指导教师的职业能力也参差不齐，极大地影响了产教科融合的成效，不利于大学生个人成长发展。

（三）学校与企业未形成通力合作的教学团队

教师团队建设是教学质量提高、学生综合素质提高的一个关键所在，在产教科融合的过程中，不仅仅要关注教学的计划进度，还要重视教学团队的建设。在产教科融合过程中开展大学生思想政治教育，需要学校和企业双管齐下，学校教师和企业教员共同发力。但从目前的合作育人效果来看，校企双方没有深度融合，没有形成一个通力合作的教学团队。

第一，双方忽略优势互补。产教科融合过程中学校和企业作为合作的双方，各自都有优点。学校教育目的很明确，就是培养人，其设置的一些活动及任务无非也是围着这一主题展开。完善的组织机构、严密的制度，以及工作人员各司其职，承担着各自的职责，确保了学校教育的顺利开展。企业是社会生产的第一线，有丰富的思想政治教育资源，完整的生产设备。企业的运行模式更容易帮大学生快速完成由学生到工作人员的转换，是促进大学生德智体美劳全面发展的有效途径。但校企双方故步自封，没有突破学校和企业之间的壁垒，忽略对方的优势。一方面，学校没有借鉴企业的优秀文化。企业在生产实践中逐步形了一些共有价值观及行为规范，这些对企业员工有明显的激励效果。这种积极向上的氛围与思想政治教育十分契合，能弥补学校思想政治教育远离社会实际的问题。但学校并没有将企业的优秀文化融入教学中，还是依照原有的模式授课。另一方面，企业没有学习学校的教学方式。企业有丰富的实践操作经验，但在课程建设和培育人才方面的能力远不如学校。企业在人才培育方面可能会出现育人目标不明确、育人责任不清、育人管理失序等问题。企业在产教科融合中并没有学习学校的育人模式，没有弥补自己在育人方面的不足。

第二，双方缺少紧密协作。学校和企业作为教育的双主体，本应紧密协作，共同为产教科融合的发展出谋划策。然而在实际的操作和运行过程中，校企双方各自为营，分管各部，没有合作意识，主要表现为以下两个方面：一方面，校企双方的教育缺少针对性。学校无论是专业技术还是思想政治教育都是理论教学，大学生掌握了丰富的理论知识。但学校忽略了实践操作能力和面对纷繁复杂现象的心理素质的培养，这无形中增加了企业的负担，不利于思想政治教育贯彻于产教科融合的始终。而企业更在意提升自身的核心能力，希望获取专业技术与技能人才，获取额外的经济利益，容易忽视思想政治教育。另一方面，校企双方沟通不畅。沟通发生在人与人之间，是一个人以语言为媒介，通过符号将意义传达给另一个人的过程。在产教科融合展开前期，学校没能将大学生技术和思想上的详细情况告知企业。在产教科融合过程中，企业也没能及时将大学生在实践中思想上的实时变化告诉学校。当大学生实践学习结束后，校企双方也没能及时总结反思。

五、教师的职责意识不明确，教学质量效果受制约

（一）主客体失衡：教育主体性不突出

任何思想政治教育过程都是主客体相互依存、相互制约的教育过程。教育者是思想政治教育过程的主体，受教育者是教育客体，其中不单教育者具有主体性，受教育者作为教育客体，也具有主体性。思想政治教育的目的就是通过教育者主体性的发挥，积极引导、调动受教育者的主体性并促使其进行自教自律，在教育过程中双方在互动中实现共同进步与发展。高职院校思想政治教育主体是教育者，包括党政团干部、思想政治理论课教师、辅导员等；教育客体是高职院校大学生。在教育过程中调动起教育客体的主观能动性，在互动中进行教育和自我教育，共同进步，这是思想政治教育取得实效的前提。

从实际教育过程来看，无论是哪一类教育主体都存在着忽略受教育者

的能动性和创造性的情况。就高职院校而言，学生的思想政治教育工作存在着主客体失衡的问题。具体而言，教师的教育主体性发挥存在错位现象，他们仍然强势占据主导地位，学生仍处于教育客体的被动地位，主体性受到限制，被动地接受灌输式教育。高职院校的教师在思想政治教育过程中对学生强行灌输理论知识，而并非从高职院校大学生的实际情况出发，根据学生的认知水平，结合他们的心理需求，来进行思想上的引导，这是高职院校教师主体性认识错位的表现。与此同时，学生的主体性发挥不突出。学生在教育过程中，被动地接受理论灌输，他们的主观能动性没有被充分激发出来，学生不仅对思想政治教育课程渐渐失去学习兴趣，而且在教育过程中得不到精神上的满足，最终导致思想政治教育没有体现出真正的价值。它只是学生为了应付考试、获得学分而无奈参与的一项教育活动。

（二）思政课教师和专业课教师之间沟通不畅

我国政治、经济、文化等各方面发展所引起的社会分工细致化导致了教育的不断细分。随着时代发展以及国家培养人才的需求，高校各个课程之间的联系不断紧密、沟通也不断加强。但是由于高校思想政治教育理论课和专业课本身的属性和特质，彼此之间的有时会存在一些信息不对等的情况。这样，既不利于高校各学科之间的交流与合作，也不利于高校学生社会主义核心价值观的培养以及社会主义价值理念的继承和发扬。众所周知，一直在技术领域走在世界前列的西方一直将思想政治教育课程作为高校教育的重要内容，甚至通过宗教辅助高校思想政治教育的教学活动。

我国高校思想政治教育的目标是要培养德智体美劳全面发展的人，加强大学生人文素质的培养，强化大学生整体的思想水平，是现阶段党和国家根据社会发展的实际情况所做出的重要教育举措。目前我国各高校很多理工科专业都缺少人文社科类课程的设置，长此以往，容易形成学生偏科的现象，影响校园文化氛围的建设。不管对高校还是大学生来说，文化都是其赖以生存和发展的基础，高校思想政治教育的建设与大学生对于中华优秀传统文化的认可和传承是相辅相成密不可分的。培养适应社会发展者的职责定位已经不能满足现阶段社会生产力对于高等教育的要求，高校必须以培养社会发展引领者作为自己的角色定位，才能合理保证高校功能的发挥。

目前我国高校的思想政治教育的组织者和实施者主要由校党委和思想政治理论课教师组成。高校思想政治教育活动，顾名思义，就是以大学生为对象而开展的思想政治教育活动，使得大学生的思想理念等与党和国家的发展要求相一致，实现人的自由和全面发展，这与人文素质教育有异曲同工之妙。大学生的人文素质教育通过向学生传授"人之所以为人之道"来促进学生内在思想品质的提高。因此从本质上来说，高校人文素质教育是包含在思想政治教育之中的，而且是其重要的组成部分。高校人文素质教育为思想政治教育奠定基础，思想政治教育又为人文素质教育提供了价值的引导。

（三）素质教育的片面认识

在思想政治教育过程中，教育主体与教育客体是最关键的两个基本要素。针对高职院校大学生思想政治教育存在的问题，首先就要从教育主体和教育客体两方面寻找问题的成因。主客体互动错位是导致高职院校大学生思想政治教育主客体失衡的主要原因，主客体互动的错位源于高职院校对素质教育的认识不足。与应试教育不同，素质教育更尊重人的心理需求，重视思想道德素养、个性发展以及心理健康等方面的教育，目的是全面提高人的基本素质，充分激发人的潜能，最终实现人的全面发展。而由于高职院校的办学方针和人才培养目标与普通高校存在差异，往往重实践能力、轻德性培养，部分高职院校教师对思想政治教育的认识存在片面性，忽视学生的主体性，人文关怀认识不足。他们认为思想政治教育同其他学校教育相同，就是一种传授—接受模式的教育，所谓的师生互动是学生提出问题，老师解决问题，而并非真正做到教学相长，学生在教育过程中很难获得自我教育能力。

部分高职院校的思想政治理论课教师长期以来采用的是以教师为中心的灌输式教育，这种居高临下式的教育模式，缺乏对高职院校学生心理和行为的研究，不能以学生的实际需要和全面发展为根本，只能进行空洞的道德灌输，缺少说服力和感染力，学生很难真正地接受，思想政治教育的实际效果不佳。部分高职院校的辅导员在管理学生时没有站在学生的立场考虑问题，而是站在自己的立场，以自我为中心，以自己认定的方式方法来教育学生，用学校的规章制度来强制约束和管理学生，重批评与惩罚，轻关爱与疏导，使学生有强烈的压迫感，这大大降低了思想政治教育的吸引力和影响力。有些高职院校的党政团组织仍采取单一的、线性的工作模式，对国家的方针、政策不做认真解读，只是硬性传达，并不能同高职院校的自身特点有机地结合起来，通过组织各种活动，在活动中提升学生的思想政治道德素质，以至于党政团组织与学生之间缺少真正的互动。此外，学生自身对素质教育的认识偏差也是高职院校大学生思想政治教育的教育主体性不突出的表现之一。高职院校大学生本身自学能力偏弱，自我评价偏低。大多数学生认为思想政治教育是教师单方面实施的教育活动，而忽略了自己的主观能动性以及自我教育的能力。在高职院校中，任何形式的思想政治教育活动大都是学校单方面实施的，学生很少在思想政治教育过程中主动转换自身角色，不能发挥其主体性功能去积极地认识自己、培养兴趣、完善自我、全面提高自身素质。

六、教学方式不新颖，课堂育人效果受制约

（一）教育模式单一陈旧

"教育模式是一种独特的研究范式，它力图从知识形态上解决理论与实践的连接问题。教育模式是教育理论实践化和教育实践理论化的中介。"[①]由此得知，思想政治教育模式是使思想政治教育的理论目标得以实现的理论模型和实践范式，具体说来是指思想政治教育者在党和国家教育思想指导下，为完成一定的思想政治教育目标，结合大学生的特点及其思想政治教育的现实需要，建构起来的由教育目标、教育内容、教育载体、教育环境等组成的综合性理论模型和实践范式。

高职院校思想政治教育模式作为一种标准样式应该是丰富多样，变化发展的，但大多数高职院校仍然实行以传统的课堂授课为主的教育模式，虽然也在积极探索网络、校园文化等隐性思想政治教育模式，但是效果不佳。有的高职院校为了应付检查开设了相关的网络思想政治教育课程，但是缺

---

① 张耀灿，郑永廷等. 现代思想政治教育学（第2版）[M]. 北京：人民出版社，2006：286.

乏后续管理，形同虚设。有的高职院校虽然重视营造校园文化，但由于校园文化需要长期积淀，短时间内效果也不会明显。传统的课堂授课教育模式虽然极大地提高了高职院校大学生的知识水平，但是离全面素质教育还差很远。

（二）教育载体未形成合力

在整个思想政治教育过程中，教育载体是教育主体所运用的各种活动形式，是连接思想政治教育过程各要素的纽带。针对某一特定的思想政治教育目标，可供选择的思想政治教育载体是多种多样的。在信息技术高度发达的今天，人们获取信息的途径日益多样化。思想政治教育通过多种多样的载体广泛存在于社会生活中。但大多数高职院校仍然以课堂教育载体为主，即使利用了现代化新媒体手段，也没有真正发挥新媒体的作用，实现传统教育载体与现代教育载体的有机结合。高职院校没有真正结合高职院校大学生的特点来选择合适的教育载体形式。高职院校利用教育载体向学生传达教育信息的途径与高职院校大学生期望获取信息的途径明显不符。高职院校大学生在大一、大二时，学校集中安排理论知识的讲授，以课堂教育载体为主能够最大化地进行理论知识的讲解与灌输，提高学生的理论基础水平。但到大三时，学生都要去校企合作单位实习或进行实践培训，传统的教育载体已经不适应新形势的要求。高职院校必须突破传统教育载体的局限，充分利用不同形式的载体，使之形成合力，从而加强思想政治教育工作的实效性。

（三）教育平台的有限利用

教育载体是思想政治教育过程的中间环节，直接制约思想政治教育的效果。各种教育载体未形成合力归根到底是因为高职院校没有充分利用各种教育平台。长期以来，高职院校思想政治教育以课堂教育载体为主。作为传统的教育载体，课堂教育载体已经发展成熟并且有章可循。网络载体和手机载体作为新的载体形式，没有经验可循，并且它们的更新速度快，技术上需要与时俱进。这就要求高职院校给予一定的资金支持，提供必要的时间保证，对教师加强网络技术方面的培训。但在实际工作中，这一目标却很难达成。对于大部分高职院校来说，它们更重视对学生的专业教育，更多地把资金和时间投入到专业课建设中，忽视了思想政治理论课建设。所以，高职院校的数字化课程建设、微信平台建设、手机平台建设等大多流于形式，设计上没有创意，内容上没有新意，对学生没有吸引力，没有发挥新媒体的作用。

高职院校重视对学生的实践培训，在专业课程的安排上，实践培训是必不可少的一部分。但是，高职院校没有将这种教育模式运用到思想政治教育工作中，在课程设置上体现了实践课程，在实际操作中却没有实践课程的安排。思想政治理论课教师要求学生在寒暑假进行社会实践调查，开学后上交社会实践调查报告，把调查报告的成绩作为思想政治理论课的实践成绩。这种实践形式看似有效，实际上效果不大。假期社会实践调查没有统一领导、统一组织，是分散进行的，学生调查与否很难确知。另外，调查报告的真实性与学生的写作水平很难达成统一。有的学生为省时省力，没有真正调查研究，在网上复制粘贴却写出很高水平的调查报告；而有的学生真实地做过调查研究，写出的调查报告水平却一般。这种模式很难实现调查报告的真实性与学生写作水平的统一，教师只能根据是否上交调查报告给一个分数。只有实践才能将感性认识上升到理性认识。高职院校没有真正落实在实践中对学生进行思想政治教育，是思想政治教育实效性差的原因之一。高职院校对文化载体的运用和保障比较薄弱，大多数从文化载体的表面形式加强文化建设，没有深入到文化的深层内核来把握。而高职院校大学生对外在的、现代化的校园文化建设已经没有太多的兴趣，他们更看重文化的熏陶作用。所以，高职院校的物质文化建设与学生的精神文化内核之间存在着很大的矛盾，文化载体育人的作用效果不大。

（四）传统教育观念的限制

高职院校大学生思想政治教育追求的是灵活性教育与多层次认知水平相协调的教育模式，但当前的高职院校大学生思想政治教育过程中仍存在教育模式单一陈旧的问题，其原因是因为传统教育观念对高职院校大学生思想政治教育的限制。受工具理性主义的影响，高职院校大学生思想政治教育一直坚持传统的教学模式，即目的—手段模式。通常高职院校采用课堂授课为主的教学模式，讲授思想政治理论，这是一种静态的直线式的教学模式。在教育过程中，教育者会过分强调学生对知识的认知程度，而忽视学生的现实需要和综合素质的培养。在工具理性主义的限制下，高职院校中从事思想政治教育的主体很难突破传统教育观念，去寻找和创新教育模式。

　　尽管高职院校思想政治教育者始终尝试探索网络、校园文化等隐性的教育模式，但由于传统教育观念的根深蒂固，他们很难真正地做到运用其他教学模式深入开展思想政治教育工作。例如，在使用校园网开展思想政治教育工作时，高职院校并没有结合院校特点、贴近学生实际生活以及了解他们的接受方式，仍然采用的是传统教育观念中的传达—接收方式来宣传与开展思想政治教育，这样形式化的教育模式时很难有成效的。此外，高职院校外化性的培养目标和实践性的培养模式也会创新思想政治教育的教育模式产生一些影响。在高职院校重工具理性、轻全人教育的氛围中，思想政治教育工作者很容易忽视传统教育模式以外的隐性教育模式，这些问题值得思想政治教育者思考。

七、课程体系不深入，思政教育成效受制约

（一）教学内容与现实脱节

　　思想政治教育的教学内容是教育主客体相互作用过程中有计划传递的信息。思想政治教育的教学内容与现实脱节是导致思想政治教育内容片面不完整的原因。思想政治教育的目的，就是要在感性经验的基础之上通过对理论的现实解读，实现学生对国家主流意识形态的更高层次的感性认识。但事实上，高职院校思想政治教育并没有结合高职院校大学生的特点，对内容进行理论与现实的结合，而是照本宣科地理论灌输。高职院校思想政治教育的教学内容与现实脱节，主要体现在与学生的感性认识脱节、与社会实际人才需求脱节、与学生的现实诉求脱节。

　　第一，教学内容与学生的感性认识脱节。高职院校大学生对事物的认识首先从感性经验开始，事物本身对大学生有吸引力，便吸引学生对事物"是什么"的初步认识，在此基础上进一步了解"为什么"和"怎么办"等一系列问题。高职院校在对大学生进行思想政治教育时，只是机械地进行理

论说教，一味地强调理论知识的重要性，忽略了对理论的现实解读，导致高职院校大学生对思想政治教育内容失去学习兴趣。

第二，教学内容与社会实际人才需求脱节。近年来，我国社会经济发展速度加快，企业对全面发展的高素质技能人才的需求越来越多。企业要想在市场中站稳脚跟必须具有较强的核心竞争力，对人才提出高要求。企业在考察应聘者的学习能力和专业技能水平的同时，也通过多种方式对应聘者的职业忠诚度、工作态度、上进精神、心理调适、执行能力、应变能力、创新能力、团队精神等进行评估。思想政治教育的目的是引导高职院校大学生具有强烈的责任心、应变能力和创新能力，快速适应变化着的社会发展的要求。事实上，高职院校大学生思想政治教育的教学内容不能与时俱进，与社会需求紧密联系，这严重影响了思想政治教育的实际效果。

第三，教学内容与学生的现实诉求脱节。学生的现实诉求是强烈的，渴望获得实用的知识。他们希望老师讲授理论知识时，能够联系当前国内外时事政治，联系学生的现实生活，用恰当的方式引导自己关注社会、关注他人、关注自己；希望老师指导社会实践，提供就业指导，解答心理困惑。如果思想政治教育空讲理论，不涉及具体的教育内容，那么就不能引导学生全面的发展，使学生的思想觉悟发生由量变到质变的飞跃。

（二）开放的课程体系使"课程思政"内容形式设计困难

产教科融合背景下，各个专业的教学课程体系会更加开放，为了跟上行业企业技术发展，提高教学针对性和实用性，高职院校校企合作课程、合编教材的开设和使用比例会进一步扩大，这将带来"课程思政"在内容设置、素材选择和开展形式上的新挑战。如同一门思政课在不同专业所面对的行业企业不同，这就要求在内容设置、元素选取上有所不同，既要考虑行业性质差别，也要考虑企业文化差异。再如，不同专业实践教学和企业实训的方式各异，如化工类专业实习同班学生可能分散在不同的班组，建筑类专业实习同班学生可能分散在不同项目部，计算机类专业实习同班学生则可能相对集中在同一个写字楼，不同专业的教学实践实训形式不同也给"课程思政"的开展形式带来新挑战。

（三）课程体系建设有待完善

1. 职业理想信念教育相关课程开设形式主义化

第一，职业理想信念课程教育效果不理想。部分高职学生对于自己的职业理想和目标不是很清晰，主要是大二、大三学生，他们都是即将面临就业的群体，但是对于自己的职业理想和目标依然不清晰，这是值得我们深思的问题。高职学生职业理想和目标不清晰不仅是自身的原因，学校亦存在一定的责任。背后也折射出高职院校职业理想教育欠缺的现象，或者说职业理想信念教育没有得到理想效果。

第二，职业生涯规划课程内容空洞。目前高职学生职业生涯规划意识欠缺和能力薄弱，学校的职业生涯规划课程没有取得太大的成效。学生们普遍反映感觉学校的职业生涯规划课程对于自己来说没有什么意义，老师上课讲得内容较为空洞，涉及理论层面的东西较多，整节课大部分时间都在讲理论，也会结合一些案例，但是基本上所讲的内容跟实际联系不大，且教师的授课方式较为枯燥，调动不起学生的兴趣和关注。因为学校很少聘用专业的职业生涯规划课程教师，大多由行政人员或者辅导员、心理教师兼任这门课程，只有一部分院校会请企业人员讲授这门课程。这部分教师大多都是从学校到学校缺乏企业的工作经验，对于企业的需求以及高职学生的就业了解都不是很透彻。

2. 课程设置不合理，素养类培养课程欠缺

高职院校的课程设置存在部分不合理之处，大二的课程理论课居多，实操课类课程不足，真正意义上涉及职业核心素养培养类课程偏少。总的来说，重理论轻实践、重技能轻素养的倾向明显。同时，大三真正意义上涉及素养培养类的课程只有"大学生就业创业指导"一门课程。课程是培养的有效载体，课程设置不合理一定程度上对于高职学生职业核心素养培养存在一定的影响。

（四）师资引进及培养体系待完善

近年来，高职院校越来越多地引进了具有企业从业经历的师资，或同时具备教学能力和科研能力的多元化、高水平人才，但是国家对于高职院校师资的引进没有设置统一的能力标准，许多高职院校较为关注教师是否

具有完善教学科研能力，而对于其职业能力的评价体系无从考核。同时，高职院校存在着没有较好地将企业人才吸纳到学校师资队伍中、没有将企业的优质人力资源应用于提升高职院校整体师资队伍的实践能力水平的提升方面等问题。同时，由于教师的工作负担较重，导致无暇顾及自身职业能力的发展，需要高职院校完善师资培训体系，主动适应产教科融合育人的需要。

八、考评体系不健全，教育结果反馈受制约

随着产教科融合教学理念的提出与确立，高校思想政治教育也面临着许多新的机会和挑战。最明显的变化是采用了实践的教学方式，企业以教育主体的身份出现在教学的过程中，这使思想政治教育工作更加灵活多变，同时也增加了教学考评的难度。课程考核，既是学生学习的指挥棒，也是教师教学的导向标。一个健全、科学、完善的考评体系是思想政治教育顺利开展的制度保障，也是对思想政治教育过程的有效反馈。但当下的考评体系还没有从思想政治教育的全局性来把握，对教育结果的反馈还不够全面、不够科学。

（一）考评内容片面化

马克思主义哲学与其他哲学相比，最根本、最显著的特点在于"解释世界"，和"改变世界"。这也表明思想政治教育是一门具有实践性，可以"改变世界"的学科。其实思想政治教育就是向学生灌输一定的理论知识，塑造学生良好的行为习惯，最终的落脚点在于培养学生以积极的精神状态进行社会实践，这是思想政治教育实践性最主要的体现。在产教科融合的教育背景下，思想政治教育加强了实践教学。相应，教学考评也应该随着教学的变化而变化。实际上，思想政治教育的考评存在很明显的局限性。

第一，局限于书面性考查。书面考查是一种最常见的考核方式，学校可以通过试卷了解大学生对知识点的学习状况，掌握教学成果，及时查漏补缺。这对于任何一门课程的学习都很重要。但我们思想政治教育的最终目的是要塑造人的精神状态，培养人的行为习惯。所以对于思想政治教育的考评就不能只局限于书面考查，而要从多角度考察教育成果。特别是在

产教科融合背景下，思想政治教育课程的教学内容、教学计划、课程设置、教学方法等都发生了变化，因此对课程的考核办法也必须相应地作出调整，考核中要突出实践评价。但在学校实际考查过程中往往出现以下的问题：一方面，过于依靠书面考查。从目前来看，绝大多数的学校对思想政治教育的考核还是采取考试的形式，将考查和实践教学割裂。考核没有涉及到实践环节，也没有与大学生的日常表现相结合。这样取得的考核结果并不能准确地反映思想政治教育的成效，也不能代表大学生的思想道德素质水平。另一方面，局限于书本知识考查。教材是教育的重要资源，课本是教师教学的蓝本。但教育不应该受到教材的禁锢，教学考评的眼界也应该不断拓宽。但当下的考评只局限于书本的知识点，没有从整体来把握思想整治教育。

第二，忽略了对教学主体的考评。思想政治教育就是教育者、受教育者、教育介体等诸多因素相互作用的复杂的运动过程。教育者在开展思想政治教育时，必然与受教育者发生某种联系，通过双方的互动，帮助教育对象解决他们碰到的问题，以提高他们的思想道德素质。所以对思想政治教育的考评不能只局限于教育客体，也应该把教育者纳入考评体系。这样才有助于全面把握思想政治教育，了解思想政治教育的不完善之处。在实际思想政治教育的考评当中，往往容易忽略对教育主体的考评。一方面，忽略了对学校教育主体的考评。高校往往更重视科学研究，更加注重教师的科研能力和水平，"唯论文"的现象广泛存在于各高校，往往忽略了教师最基本的职责，即传道、受业、解惑，没有将教师的课堂教学放在考评的首要地位。这种考评方式，非常不利于思想政治教育的长效开展。另一方面，忽略了对企业教育主体的考评。产教科融合过程中，企业也在教育中占据的重要地位。由于校企双主体办学的复杂使环境，往往忽略了对企业教学主体的考评，这对思想政治教育而言是一个重大的隐患。

（二）考评主体单一化

在产教科融合过程中，当大学生进入企业实习实践时广泛地接触各种信息和外来思想，对他们的生活方式、思想道德和价值取向都产生了深刻的影响，并且他们的身份和社会角色也发生了变化。社会角色就是与社会地位密切联系的、是对应于一系列角色期望的、有赖于个体认知和实践能力的一套行为模式。大学生处在不同的社会角色里，会呈现出不同的表现。从不同社会角度对大学生进行评价和考核，会得出更为准确的结果。然而，在具体的考评过程中，对大学生进行考评的主体往往很单一。

第一，只把学校作为考评主体。在马克思主义哲学里，社会存在决定社会意识，社会意识是社会存在的能动反应。观念的东西不会自发地进入人的头脑，而是人在各种因素的相互作用下，在自己的头脑中将实践中的主客观因素改造的一个结果。在产教科融合过程中，思想政治教育由学校延展到企业，大学生所处的教育环境发生了巨大的变化。受到环境变化的影响，大学生的道德素质也是一个动态变化的过程。要科学评价思想政治教育的成效，需要对各个教学阶段进行考评。在实际的教学过程中，思想政治教育的考评主体还是学校，没有发挥企业的优势。企业实际是社会物质生产的一个缩影，能模拟大学生进入社会的行为。企业对大学生进行考评，学校也能根据考评结果，针对性地开展思想政治教育。然而，在实际过程中，企业实习指导教师很少参与大学生思想道德素质的评价，企业也没有针对大学生思想道德水平的评价环节。这样的评价不能全面反映大学生的思想道德水平，也会削弱产教科融合过程中大学生思想政治教育的实效性。

第二，只把教师作为考评主体。思想政治教育是培养具有高尚道德素质和坚定理想信念，时刻保持积极、健康、向上的社会主义新青年。思想道德素质是一个多种要素构成的综合系统，其构成要素十分复杂，各个构成要素之间又相互联系，相互作用。从客观角度讲，大学生受原生家庭、教育经历和社会经历等因素的影响，他们的道德素质水平存在一定差异。这个特征决定了思想政治教育的复杂性，单从教师角度评价大学生，不能对大学生的道德品质有一个全面的把握。个体在不同的社会关系里会表现出不同的行为习惯。在师生关系里，大学生为了得到老师的表扬，往往会刻意表现出老师喜欢、期待的样子。反而在朋辈群体面前更容易呈现自己最真实的样子。但从目前学校的评价方式来看，教师依然是评价过程中的最重要的主体，德育评价中只注重教师的评价，忽略了大学生的自我评价和朋辈群体的评价。在为数不多的自我评价和朋辈群体的评价里，一些评价过程很随意，评价结果也不够真实，并没有受到大家的重视。

（三）考评结果均等化

考评是教学目标的内在需求。任何一个组织、一项活动都应该有自己的目标追求。通过设立目标追求，进行自我管理、自我控制，从而使每一项任务都紧紧围绕目标展开。在追求目标的过程中，考评是检验工作的重要手段，依据科学的考评结果，也是激励工作人员的手段。对于动态多变的思想政治教育，考察它的教育效果也十分重要。只有从环境的特定性出发，科学的认识和把握学生的思想行为特点，才能针对性地开展思想政治教育工作，才能推动思想政治教育工作不断前进。但目前产教科融合过程中大学生思想政治教育的考评，大多数都比较泛化，缺少了具体的考评细节。

第一，没有细化考评成绩。现有的思想政治教育考评在内容和维度上一般属于总体性、笼统性评价，思想政治评价应有的内涵未能充分体现。很多学校从大学生的文化成绩、参与校园活动的积极性和大学生工作的主动性，以及尊敬师长、团结同学等方面考评大学生的道德水平。虽然涉及内容比较全面完整，实际上不仅缺少了企业实践环节的考评，也未能体现出具体的差异。受到"隐私论"的影响，认为成绩是大学生的个人隐私，一些学校不公开成绩的具体排名。这都不利于思想政治教育效果的提高。一方面，未细化的考评成绩，老师也不能根据成绩掌握教学的具体的效果，不能进行具有专业性内涵的评价和指导。由于考评本身的泛泛，所以思想政治教育的过程很容易随意和敷衍，评价的有效性大打折扣。另一方面，许多考评大多笼统地分为优秀、良好、及格和不及格。这样的划分不利于大学生自己查找不足，也不利于激励表现良好的大学生继续努力。考评成绩不细化虽然保护了大学生的隐私，但不利于思想政治教育的长远发展。

第二，没有精确考评细节。考评是为了更好地开展思想政治教育，为了提高大学生的思想道德素质。在考评的过程中，往往采取树榜样和抓典型的方式。一方面，单纯依靠成绩和一些民主评议，就考评的结果而言没有体现真实状况，评价结果也没有差异。在目前的考评中，一些学校对民主评议非常看重，民主评议占据了很大的比重。但民主评议受许多因素的影响，存在很大的不确定性。因为没有具体的考评标准，很难从多角度，各个细节评价，很大程度上又会受到人情因素影响。如此，难以准确掌握产教科融合过程中大学生的思想变化实情。另一方面，这种评价方式导致把思想政治教育和大学生道德素质评价沦为"高尚"和"恶劣"的极端个案抓取，对于一些没有表现特别优秀或者没有突破底线的大学生，没有用详细的评价方式，没有呈现大学生实际的道德素质和思想政治教育的成效。

第六章　产教科融合过程中高职大学生思想政治教育的建议对策

产教科融合作为新时代育人的新思路，既创造了独特的实践教学平台，也使大学生能在实践中锤炼思想品质。因此，推动产教科融合的长效发展，有效加强产教科融合过程中大学生思想政治教育工作，是新时代为社会主义现代化建设培养人才的重要措施。高职院校深入实施产教科融合，会对课程思政建设带来诸多挑战，但也为高职院校思政育人工作进一步拓展思政教育边际和辐射空间，优化课程内容和丰富教育形式，壮大师资队伍和建设育人共同体等方面提供了发展空间和实践平台。因此，高职院校要更加关注产教科融合，主动对接并寻求合作。

一、加强产教科融合与社会需求相适应的目标管理，突出大学生思想政治教育理念

（一）加大产教科融合政策的有效供给

产教科融合政策的有效性是指在特定背景下需求与供给的匹配度，有效供给是产教科融合政策发展的重要保障和必需条件。政策供给不足是长期以来高职院校的产教科在融合过程中面临的难题。因此，产教科融合政策要获得持久稳定的效力，需要从以下几方面促进政策的有效供给。

1. 加大力度出台具体可操作性政策

目前，我国产教科融合政策缺乏针对性与可操作性，起到具体落实作用的、行业性强的团体规定与行业规定出台数量极少。因此，产教科融合政策在制定上要适度减少宏观性政策，加大团体规定、行业规定等针对性

强的政策出台力度。同时，依据区域的实际需要，制定具体、详细、可量化、可操作的产教科融合政策实施细则，将政策内容量化，提升政策执行效果，并完善相关的制度体系建设，以促进产教科融合政策的落实。

2. 加快政策的法制化进程

迄今为止，在深化产教科融合过程中，效力级别高且约束力强的法律仅出台两份，而约束力较弱的部门规章出台频繁。因此，我国产教科融合政策应适当降低部门规章出台的频率，加快政策的法律制化进程。目前为止，我国还没有出台专门的关于产教科融合政策的法律，亟须对产教科融合的单项立法进行性积极探索，加大专项法律和法规出台的力度，提高产教科融合政策法律地位，在法律和法规的层次上明确各参与主体的责任、权力、权益。

3. 加大专项政策出台力度

目前，我国以产教科融合命名的政策屈指可数。在产业与教育、科技深度融合的趋势下，我国应加快专项政策出台，在数量上做到有效供给；同时，要加强产教科融合政策条款的规范性，将零散的、碎片化的政策条款集中起来，在质量上做到有效供给，加大力度保障我国产教科融合的发展。

（二）树立正确的科学价值观

正确的科学价值观是在看待科学技术发展与人类社会发展关系上所持的一种辩证观点。其表现是认真学习马克思主义科学技术观，学会运用科学精神及科学方法反对伪科学、反科学等观点，并认真学习科学知识，在社会生活中积极弘扬科学精神，辩证地看待科学技术的发展对人类社会生活的影响。

将科学价值观融入思想政治教育内容，有利于完善思想政治教育体系，实现思想政治教育内容结构更新。社会主要矛盾的转变对科学技术提出了新要求，如生态科技、绿色科技等，相应的科学价值观教育也必须顺应社会发展。思想政治教育要完善发展，需扩宽教育领域，加强马克思主义无神论及科学精神、科学文化知识教育，而正确的科学价值观教育是思想政治教育系统中每个子系统的完善。同时，科学价值观教育为思想政治教育内容注入新的活力，社会的发展与人的自由发展需要对思想政治教育内容更新提出了时代要求，二者的融入使思想政治教育结构更加完善，实现了创新发展。

要提高思想政治教育的实效性，高校要积极实施课程改革，实现文理科相互渗透，促进科学与人文教育协调发展，实现工具理性与价值理性整合统一，如将自然辩证法、科学史、科学技术哲学、科学素养等纳入公共必修课或选修课中，提升大学生科技素养。现今许多高校只将此类课程作为硕士研究生思想政治理论课选修或必修课程，在本科生中未曾设置。"自然辩证法"课程主要是对学生进行马克思主义自然观、科学技术观、科学技术方法论教育，从而使学生正确了解自然界发展规律及科学技术发展的一般规律，此外还有"科学史"等相关课程可培养学生的科学精神、实证精神、创新超越精神、理性批判精神，激发大学生学习科技文化知识的兴趣。高校可开设习近平新时代中国特色社会主义思想系列课程，这其中就包括了新时代中国特色社会主义中的科学技术观，以理论创新促进教学创新，满足当代大学生追求科学真理的理论需求及投身伟大时代的成长需求。

提升大学生科学素养，关键在于激发学生对科技的积极主动性，这需要高校将理论与实践相结合，强化思想政治理论课实践教学基地，以学生为主体，开展特色科技实践活动。高校可举办学术讲座、科技论坛活动，及组织参观科技馆等，普及科技知识，使学生感受到科学技术的魅力给人们带来的变化，激发他们对学习科技知识的内在需要，提升科技素养与人文素养，营造良好的学术氛围。同时学校可举办科技活动节、科技创新比赛、社会调查、实习见习等，通过参加与科学技术相关的竞赛活动，将所学理论知识与实践结合起来，引导学生不唯上、不唯书、只唯实。在科技发展的时代，网络是大学生获取信息的重要渠道，大学生作为网络技术发展的较大受益群体，是否拥有正确的科学价值观决定着网络科学技术能否正确为人所用，高校要加强对校园网络中心的监管，优化校园网络安全，宣传正确的网络科技观，并组织计算机网络等比赛，激发学生的科技创新精神。

（三）学校提高对实践教学过程中思想政治教育的重视

伴随着我国高等教育改革向纵深推进，完善大学治理结构、构建中国特色现代大学制度，成为深化高等教育领域综合改革的一个战略重点。一系列的理论研究和实践探索表明，学校与行业企业联合培育人才的模式是产教科融合特有的教育环境，能在教育事业当中发挥重要的作用。不论是对企业的发展、教育的进步，还是对国家的兴盛而言，都有重要的实现意义。在产教科融合的具体实践中，学校还需提高对思想政治教育的重视。

第一，以长远的眼光发展教育。在历史发展过程中，教育始终都扮演着重要的角色，在当今科技迅速发展的时代，教育的地位和作用就愈发凸显。在国外，公民教育是对社会和文化态度，知识和技能的有意识的灌输，使个人能够融入社会和政治。德者，本也。中华民族也是一个崇尚道德的民族，历来注重立德修身、以德立人，由此可见思想政治教育的重要性。学校要以前瞻性思维来发展教育。从宏观层角度，学校与行业企业的联合教学起源于 20 世纪 90 年代初，给我国社会主义的发展提供了大量的人才支撑。实践证明，学校和行业企业合作培育人才是可行的教学方式。学校要重视在实践中思想政治教育的重要性，积极主动寻求优质企业，联合开展教育，为思想政治教育创造实践教学环境。从发展潜力看，诚信是大学生走向社会的名片。企业是推动经济高质量发展的主体。学校借助企业实践，融入思想政治教育，能及时发现大学生的思想变化问题，并解决这些问题，既提高了大学生的培养质量，也为企业注入了新的活力。

第二，提高对实践教学的重视。与西方国家公民教育方式的不同，我国更注重理论灌输，多采用正面教育。从理论层面看，必须明确思想政治教育具有实践性，具有很强的技术性。大学生思想道德的提升，除了理论知识的学习，还需通过实践将理论知识内化于心外化于行。从实践层面看，需要建设体现社会主义特点、时代特征的实践教学环境，创设感染和陶冶大学生思想情操的良好氛围。在产教科融合中，学校要主动借助企业提供的实践平台，借此对大学生进行教化和引导，坚定不移地在大学生理想信念教育上下功夫，厚植爱国主义情怀，提高知识技能，加强品德修养，使大学生的思想道德素质和精神境界在潜移默化中得到提高和升华。

（四）企业要提高对大学生思想政治素质的培养

企业是社会的细胞，社会是企业利益的源泉。企业作为社会的重要组成部分，它是物质财富的创造者，追求自身经济利益最大化，既需要社会创造的良好发展环境，也是构建和谐社会推动社会发展的重要力量。企业竞争力在很大程度上依赖于企业自身的企业文化，坚定理想信念，能筑牢企业的根基，能增强企业的竞争力。一个有社会责任感的企业，更容易取得消费者的信赖。因此，企业要想快速、持续、稳定的发展，也要转变观念，承担社会义务，主动在产教科融合中开展思想政治教育。

第一，明确承担社会责任的意义。随着我国教育事业的蓬勃发展，思想政治教育进课堂、进思想、进实践的探索，产教科融合在党中央的引领下在学校和企业间迅速推广。从企业自身角度看，企业要积极履行社会责任，主动参与产教科融合，与学校共建协同育人模式。企业深度参与学校教育教学改革，多角度，多途径参与教学设计、实习实训、科技创新、课后考核，把自己当作教育主体来看待。通过与学校的合作，将学校与科研院所的最新技术成果向产业技术转化，提高自身的技术水平，不断推动产业结构升级。在大学生实践期间，企业要做好大学生的技术培训和思想引导，为自身发展储备人才。从伦理角度看，提高企业社会责任可以提高企业的声誉，企业的营利能力与声誉形成正比。企业积极参与产教科融合，推动科研与产业的互动。通过技术革新，可以节约资源，降低成本，减少污染。通过参与教育教学，可以促进综合素质人才培养工作的进步。为建设环境友好型，科技创新型社会贡献力量，从而提升企业的形象和消费者的认可程度，在新一轮的经济变革中占领先机。

第二，落实大学生思想政治教育。中国特色社会主义进入新时代，经济社会高速发展，教育面临外部多元文化和意识形态的挑战，企业也迎来新一轮科技革命带来的机遇和风险。在产教科融合中，企业要积极注重参与到教育当中，自觉履行应承担的社会责任，提高自身应对风险的能力，也为教育开拓新局面。一方面，企业可以运用自身完善的产业链、企业文化和工作环境对大学生进行技术培养和职业意识塑造。企业有着复杂的人际关系、多元的文化氛围和多样的价值观，这对大学生思想道德发展既是挑战，也是机遇。当大学生在企业实践学习中，思想上有困惑和出现问题时，企业要及时采取应对措施，对大学生进行思想上的引导，帮助他们树立正确的价值观。另一方面，企业也要主动与学校沟通，积极参与到大学生的教学计划安排当中，将企业环境与文化提前告知大学生。企业要与学校紧密合作联系，将大学生的思想变化及时与学校沟通，与学校教师一同对大学生进行思想政治教育，引导大学生全面发展。

二、加强产教科导师职责，提升全员育人质量

（一）以产教科融合型企业为抓手，通过完善合作机制构建"课程思政"育人共同体

双主体二级学院是高职当前主要的产教科融合实施载体，但办学主导方还是高职院校，企业参与程度和资源投入有限。2019年4月，国家发改委和教育部联合印发《建设产教科融合型企业实施办法（试行）》，明确进入产教科融合型企业认证目录的企业，将被给予"金融＋财政＋土地＋信用"的组合式激励，并按规定落实相关税收政策。产教科融合型企业则是以企业为申报主体，一旦通过认定企业可以获得实实在在的政策、财税等奖励，高职院校作为企业申报该项目的必需合作单位，要主动与合作企业加强对接，积极协助和辅导企业申报产教科融合型企业，借助项目获批来开展和推动构建"课程思政"育人共同体。

一是明确将"课程思政"纳入合作育人的范畴，产教科融合型企业是党和国家给予企业的重要发展红利，企业享受政策优惠就应该更好地承担人才培养尤其是思政育人的义务，积极主动参与培养社会主义建设者和接班人，在产教科融合型企业建设过程中给予思政育人的课时、人员、经费保障。二是明确将行业企业方的教学人员纳入学校"课程思政"师资队伍，除了开展集中培训和统一管理，还要采用定向派遣的方式让1至2名思政专任教师全程参与一个专业的课程思政建设，并指导专业教师、企业教师做好"课程思政"设计。建议学校将此项目作为校级教学科研课题立项，打造专业教师、思政教师、企业教师的混编团队，以教师融合促进思政教育与专业教育有机融合。三是构建协同育人体制机制，要建立产教科融合下的思政育人常态联络机制，及时解决存在的现实问题；要完善思政育人组织机构，在专业建设委员会中专门设立思政育人工作领导小组，保证思政育人在产教科融合合作办学中有专人负责、专人管理；要优化合作育人考核评价机制，高职院校要将完成好"课程思政"任务作为教师进行岗位

晋升、评奖评优的主要考核指标，企业要对参与思政育人的员工进行工作量认可、绩效补助和考核加分，这样才能从体制机制层面促进校企协同思政育人步入良性循环，逐步形成校企课程思政育人共同体。

（二）加强"双师型"教师队伍建设

1. 完善产教科融合平台适应教师发展需求

（1）建设和完善产教科融合平台建设体制

产教科融合平台是政府主导，企业和高职院校为主体的平台，企业和学校都是平台的建设者和管理者，需要共同进退，共同发展，充分发挥企业和学校的主体作用，为教师的发展创造有利的环境和平台。首先，保障产教科融合平台功能的完善，其不应该只是基地，应该是综合的平台，是通过灵活、高效、协调有机运行，满足校企教学、实践、科技创新、社会培训等多功能的平台。平台建设对教师而言能够真切的感受到企业的工作环境，不在单单是一个实训教室、实验室，是包含了产学研训等多样化的环境，教师可以借助平台参与到企业的生产、科技创新、管理、销售、维护等全过程，教师真正的融入企业的发展，提升自身的实践和理论能力，让教师的发展符合需求。其次，促进产教科融合平台的职位是多元化制度形成，产教科融合平台应该覆盖不同的职位，"双师型"教师能够根据工作的不同而不同的转换定位，了解企业的真是需求。教师起着企业和学校乃至政府的媒介作用。与企业而言，教师是企业的技术创新的参与者、实践者，以及实施者，教师是学校的教学者、服务者，是政府政策的解读者、宣传员。职位的多元才能满足不同的需求。再次，建设产教科融合职责履行协作制度，融合不是单打独斗，而是共同协同发展。高职院校、政府、行业、企业的协同发展，"双师型"教师团队形成不同的子团队，解决不同的问题，可以合地方政府合作的基础上搭建基础平台。最后，结合地方经济、文化发展，以区域划分搭建具有区域特色的平台，也可发挥教师的社会服务能力，让教师团队的社会服务能力适应需求，符合地方的发展，提高服务质量；也可继续深化行业、企业成为研究院或者开展公司，教师可以融入到科研创新，又能为吸纳人才为学校的科研增添人才储备，既加强了"双师型"教师团队的实力，同时让产教科融合平台促进教师发展。

（2）形成"校政企行"资源共享的产教科融合平台运行机制

产教科融合平台重在于融合，融合不是简单组合，而是相互嵌入。因此，资源共享应该是产教科融合平台的重要内容。平台资源的共享，才能进一步形成团队的资源共享。建立资源共享的平台，平台发挥中介作用。资源共享形成政府、行企、学校之间的多向交流，平台的信息渠道扩大，让政府和行业、企业、学校之间的交流紧密，政府能够及时的了解行业、企业和学校的合作动态，合作的矛盾之处。学校和行业、企业之间依靠平台的信息、资源相互发展，相互更新需要和要求，及时的沟通。

总之，政府应该发挥作用，政府借助平台监控和发布最新的政策，及时共享信息。学校和行业、企业根据各自的实际需求发布资源和信息，可是合作信息，符合企业的生产、科技、创新等的需求，参与人才培养的环节。同时，在政府的引导下建立监管制度，规定企业和学校在平台建设的职责和义务，以及监管制度条例等。学校可以发布学校合作需求、招聘企业的高水平人才、招聘兼职教师。"双师型"教师团队根据平台的资源和信息，改进教学设计、更新实践经验行业、与企业及时建立科技合作，开展横向课题研究，解决一线需求；也可对企业的员工开展培训，提升基层员工的理论水平，提高企业的整体实力。利用资源共享，形成多向沟通渠道，促进教师团队的融合发展。在信息、资源畅通的平台现状下，促进教师团队发展，发挥教师团队的各项职能，培养适应社会发展和企业急需的技术型人才。

2. 加强个体"双师型"教师的建设制度

（1）明确"双师型"教师团队中个体的专业发展目标

高职院校将个体"双师型"教师作为学校建设的重要内容，是"双师型"教师团队建设重要组成成分。对不同的个体"双师型"教师应该明晰专业发展目标，通过不同的专业发展目标引导"双师型"教师进一步发展。首先，促成教师的知识学习的目标与机会。提升教学教师、专业负责人、青年教师的理论知识和教学能力；同时储备和发展高层次的人才，开展博士培养计划、国内外访问学者计划、技能工作大师等为教师学习提供支持参与高校访问、出国进修、培养培训等发展机会。其次，促成教师实践与研究的目标与机会。加强高职院校企之间的人才流动，借助专兼教师的双向流动，使教师到企业、产业园、技术创新中心、校企共建公司等，通过采取顶岗实践、挂职锻炼等方式，促进教师对产业一线的技术、流程、要求等知识的更新转换，提升教师的专业实践能力，提升教师的解决企业生产发展和技术改进的能力。再次，促成教师的实践培训的目标与机会。教师的生产实践学习，需要真实的工作岗位生产环境的支持。青年教师的实践培训，经验积累是一方面内容，支持年轻教师参加"双师型"教师培养培训基地的相关培训计划、参加访问工程师项目、进入企业实践基地及技能大师工作室，参与企业的是生产活动，接受企业技术人员的现场指引和交流，培养教师的操作动手能力。最后，在单独个体"双师型"教师的认定机制上，可分级分层设置认定标准，如初级、高级的认定标准，评定不同层次类型的"双师型"教师，增强教师的专业能力。

（2）加大校企合作培养"双师型"教师的实践能力

随着 2019 年高职院校扩招以来，在高职院校的教师人数变动不大的情况下教师的教学任务再次加重。教师教学任务加之其他事务的影响，教师的实践活动深受影响。虽然学校方面有制定实践活动的要求，但是效果并不理想，教师的实践活动表现过于形式化，难以达到理想的效果。教师在企业实践时，教师的身份意识，难以融入企业中。同时受限企业的观念的影响，校企共建的"双师型"教师基地数量不足，教师的获得的实践活动的机会不足。由此，需增强校企合作培养教师的实践能力，可以依靠深化校企合作，借助产业学院、企业学院、产教联盟等方式深化合作。首先，以企业学院为依托成立教师企业实践基地，让教师拓宽实践的能力。以产业学院为依托成立教师培养培训基地，培养教师的"双师"能力，借助学院发挥教师的教学功能的同时教师参与到企业的生产活动，让教师的理论教学和实践活动相互融合，教师的实践也不会成为额外的负担，教师的积极性也会有所提高，同时教师的身份也会有所转变，是教师也是员工，是教育者也是受教育者。其次，以产教联盟为依托成立教师终身学习基地。产教科融合是高职院校发展的必要的选择，产教联盟借助其优势，能充分的建立让教师终生学习的基地。让教师能够及时的更企业、产业的知识，更新技术技能，改进教学方法。终生学习本就是教师的职业要求。最后，增加校企合作共建共享"双师型"教师基地的数量。发挥"双师型"教师培养基地的作用，让校企的教师和员工都能够利用基地，提升实践能力、理论能力，让高校的教师能够有足够的机会参与企业的实践培训，也为非合作学校的教师提供了培训的场所，增加了培训和交流的机会，在一定程度上实现了"双师型"教师培训基地的共享，实现企业参与教育的机会，也能及时反映企业的需求变化。

（3）规范"双师型"教师队伍中个体的管理与考核机制

规范"双师型"教师队伍中个体的管理与考核机制是必须面对的问题。职业教育的特性要求教师不仅要进行理论教学，同时还需要进行学生的实践教学。因此，职业教育的教师需要具备一定的理论和实践的能力。一定程度的理论＋实践教学的能力成为了高职院校教师的要求之一。因此，规范"双师型"教师的管理是必须。首先，教师的实践制度的不完善，导致教师参与实践活动积极性不高以及表面化严重等问题。学院应该严格制定实践制度，让教师实践落到实处，去除表面化。同时实践时间应要求教师轮岗3-5年脱产学习3-6个月，让教师有机会融入到企业的生产一线学习，让实践真正的发挥价值，拓展专业实践知识和提升能力。建立教师实践动态考核制度，抽查、监管、校企双向评价等落实，减少企业的一纸证明式的认证实践时间，让教师实践真正发挥功能。完善"双师型"教师的激励制度，强调教师的"双师"能力的同时也应该建立激励制度，让教师愿意、乐意去提升与去发展，将"双师"纳入职业规划当中，纳入终生学习的目标当中。应根据"双师型"教师划分等级不同的具体要求不同给予精神和物质的激励，提高教师的整体水平。同时应该建立完善的考核制度，无考核、无规矩、无成效。考核制度的建立是对"双师型"教师的保障和认可，认定即考核无法发挥长效的鞭策作用。应该实施和完善"双师型"教师的动态考核机制，3-5年为周期进行考核，考核不成功的取消奖励和认证，考核成功的继续认证并激励，发挥考核评价作用与激励作用，让教师重视学习发展，更新教师的专业实践知识储备和能力。

3. 促进高职院校"双师型"教师团队建设的发展

（1）形成专业建设与"双师型"教师团队的建设的联动体制

目前，高职院校的课程教学团队的建设大多以专业为基础构建，教师着眼于眼前的教学任务，积极性无法保障。同时，高职院校专业普遍存在专业过于细化狭窄、规模不足、所学知识与产业之间脱离等显著问题。基于专业设置情况，教师的配备情况也出现了专业教师数量较少、专业教师的联系弱化，教师基本只承担本专业的日常的理论教学或是本专业相关的技术创新工作。但是，高职教育的教育不应是教学、科研、实训的分离式教学，专业过于细化易导致人才培养脱了企业需求，陷入学生就业导向和企业用人导向的两难境地。借助产教科融合背景下"产学研训用"多项合一。主动适应产业升级以调整专业布局，其布局应为区域经济建设和发展服务。借助产业链与教育链联动发展，根据学科知识划分专业，将专业建设与产业链相结合，高职院校可以根据产业链的需求转化为多个专业的人才培养计划形成产业链对应的专业群建设。专业群是由一或多个核心专业且对象相同、技术相近或学科基础相似的专业组合。专业群源于产业链，以专业群为纽带构建的教师团队，开展人才培养的闭合环形依托于产业，能够促进高职院校教师团队的建设，产出高质量的技术人才，真正促进教育链、产业链、人才链的互相衔接，解决人才需求和供给两侧的问题。

（2）构建校企合作与建设"双师型"教师团队的双向耦合机制

校企合作共同发展是高职院校发展的重要途径，更是"双师型"教师团队建设的关键。由此，高职院校必然需要建立学校和行企、企业双向融合的合作，借助校企合作打通校企人才双向流动渠道，选聘、吸引企业人才到学校任教，以及推进学校教师到企业任职，校企互兼互聘需求人才。首先，促进产业学院、企业学院、设立公司、产教联盟等合作方式，产业学院是校企"双元育人"为主模式，企业发挥主导作用并高度介入管理的人才培养模式。围绕专业的培养目标、教学、师资建设、实训基地建设、就业等方面的工作开展融合工作。一方面，部分企业（产业）学院教师可以打破教师与职工之间的身份壁垒，可贯穿双重身份，教师就是职工，职工就是教师，学院的"双师型"教师的团队教师对企业的生产过程、现状问题清晰。教师之间的凝聚力加深，根据企业的实际需求开展教学育人工作。另一方面，产业学院的生产实训基地建设良好，生产基地建立于真实生产过程，具有较强理论基础的教师能够借助基地参与生产建设，提升理论和实践操作的融合能力。此外，深化校企共建的相关合资公司，有助于打破教师下企业的就职壁垒，拓宽教师的专业针对性强的就职渠道。其次，持续加深校企共建校内外实训基地及"双师型"教师培养培训基地,通过丰富基地的建设,打造优质的基地,打破"双师型"教师团队的培训壁垒,满足教师的实践需求和提升机会。接着,利用产教科融合平台加强校企合作的课程建设和横向、纵向课题的申报工作。借助相关课题工作,与企业相互开展科研合作,解决企业的问题和建设需求,教师的科研工作能力发展。此外,企业参与课程建设,推进调整教学课程,理论与实践教学结合,借此校企共建有助于专业教学、专业教材、教学视频、专业课件等的产出,也在此过程中转化为课题成果,为企业人员和学校教师的科研水平的提升服务。

(3)完善"双师型"教师团队资源共享和职能分工的管理体制

团队的作用大于简单组合的群体的原因之一在于成员之间的凝聚作用,同时成员之间的学习和共享发挥着巨大作用。高职院校要促进团队成员之间建立平等合作,互惠互利的关系。形成教师成员的知识、资源的共享,让成员之间突破利益合作,走向利益共享,建立团队成员资源的共享机制。团队教师成员之间借助产交融平台,开展项目研讨合作,需求分析交流,让信息流在教师团队内流通,教师充分发挥知识、技能、理论、科研的能力。学校应积极推动资源共享制度,组织研讨会议增进教师之间的交流,促进交流机会;借助产教科融合平台以政府为支撑,推动企业、学校、教师资源共享,增加团队成员之间的交流合作,推动校企人才流动的机制。成员借助实训基地产业园、孵化园等融合平台,促进成员信息和合作的共享,以提升教师的共享意识,团队成员之间关系紧密。同时,"双师型"教师团队知识、信息共享,是不断学习的过程,团队具有学习型团队的特征,知识不断地更替,也是成员学习基础。团队资源共享促进团队成员知识的学习,掌握企业、学校的发展动态,不断强化知识学习,反过来促进团队的良好发展,形成良性循环。"双师型"教师团队是融合了教学、实践、科技、服务四方面的功能的团队,只是任务的不同,应采取不同的评价制度,不同评价标准分值划分对应等级,同等级评价结果重要程度相同,在教师的考核、评优、职称评定、奖励等方面同等重要。成员间的资源共享和职能分工不同的管理还需要弱化"科层制"管理,才能促进横向交流和加快信息及时流动。应推进团队横向管理,简政放权,减少程序化管理,扩大团队的自主管理权利，促进成员之间的资源、知识和任务信息的及时更新。

三、改进教育教学方法，创新课堂育人形式

教育形式要与时俱进，一方面要用好新技术，借助"互联网+"开展线上线下混合式教学，利用在线开放课程、云课堂、大学慕课等线上教学平台将教学资源推送到学生手机端，运用微信公众号等自媒体拓展思政教育覆盖空间，解决产教科融合中学生校外实习实训带来的时空限制。另一方面，要开发新形式，课程思政要能够有机融入到专业的产教科融合实践教学环节，如组织学生参加劳模报告会进行爱岗敬业精神熏陶、参观企业技能大师工作室感受工匠精神、参观企业工会组织和列席职工大会继而了解现代企业组织运行机制和依法治企的意义、开展企业绿色生产和环境保护的情况调查可以体会生态文明建设的意义。传统思政教育单一且封闭，重视灌输教育，轻视引导教育，丰富的实践教学形式可以改变这一现状，让学生在丰富的实践体验中得到潜移默化的引导和场景式思考。

（一）完善思想政治教育模式

"思想政治教育模式是一种教育模式，就是要用'模式'的分析和研究方法对思想政治教育现象进行梳理，并逐渐形成'相对稳定的、较为系统而具有典型意义的'特征形态的思想政治教育体系，包含对思想政治教育组织方式、操作手段与评价机制等内容。"[①] 作为一种理论模型和实践范式，思想政治教育模式离不开教育目标、教育内容、教育载体、教育环境等。由于依据标准及构成要素是变化发展的，思想政治教育模式在不断地丰富与发展，突出受教育者的主体地位并且教育者与受教育者在互动中发展，强调教育者与受教育者的主体性；重视学生政治素养的提升，更重视学生的全面发展；强调对受教育者的显性教育，更强调对受教育者的隐性教育；强调文化育人的作用。大学生思想政治教育模式的丰富与发展，增强了思想政治教育的主体性、针对性、指导性与灵活性，更好地提升了思想政治教育的实效性。

---

① 班华. 现代德育论（第2版）[M]. 合肥：安徽人民出版社，2001：238.

1. 强化主体性教育模式

传统的思想政治教育模式是单主体的说教或灌输，即教育者按照一定的教育目的和教育目标，把符合社会发展要求的思想政治教育内容通过课堂讲授、课外实践等传达给受教育者。受教育者把教育内容内化为自己的行为理念，外化为行为实践并形成行为习惯，成为符合社会主义发展要求的合格公民。主体性教育模式坚持教师的主体地位，同时突出学生的主体性，以学生为本，尊重学生的价值追求。主体性教育模式是思想政治教育的本质要求，也是社会发展的现实要求。从思想政治教育本质看，思想政治教育的对象是人，是做人的意识、思想、精神等方面的工作，高职院校思想政治教育是为了促使学生高素质与高技能相结合，更好地实现社会化发展。从社会发展的角度看，激烈的市场竞争对人才提出了更高的要求，单纯拥有知识、技能已经远远不够，还必须具有独立性、应变能力及创新精神等，这些都需要主体性教育模式的运用。

高职院校丰富主体性教育模式，就是要发挥教育主体的作用，即发挥高职院校党政团干部、思想政治理论课教师、辅导员、行业企业的主体性，积极主动地研究社会发展对高职人才需求的新变化，结合高职院校大学生的特点，提炼合适的教育内容，选择灵活多样的教育方法，主动适应、选择和改造教育环境。同时，发挥受教育者即大学生自身的主体性，积极与教育者互动，并实际影响教育者的教育活动，对教育目的和内容有价值认同，积极应对教育环境，能够自教自律，整个教育活动气氛活跃，积极主动，富有创造性。第一，确认高职院校大学生的主体地位。多数高职院校大学生由于家庭经济相对贫困、文化知识相对薄弱、个人综合能力被贬损等原因，自尊心受到极大冲击。鉴于此，教育者应该首先确认大学生的主体性地位，在思想政治教育过程中多表扬、多肯定，真诚地与学生交流，鼓励大学生独立自主地解决问题。第二，尊重高职院校大学生的实际需要。高职院校大学生思维活跃但缺乏必要的价值判断标准，独立意识强但自我情绪调控能力薄弱，社会实践经验需求强烈但锻炼机会相对偏少，教育者要尊重大学生的实际需要并创造有利的教育时机，把引导大学生的需要从低级向高级、由低层次向高层次、由个体需要向个体需要与社会的需要相结合的方向转变。第三，实现教育者与高职院校大学生平等互动。教育者与高职院校大学生在人格平等的基础上，交流教育目的、教育内容，双方在互动中相互理解，双方的主体性彼此被对方承认，教育者不会抱怨受教育者身上的缺陷，受教育者也不会抱怨教育者的态度，双方在互动中认同教育目的、教育内容，在互动中进步提高。

2. 突出素质教育模式

"人的全面发展"是马克思主义坚持的基本教育理念。马克思曾指出，共产主义是以每个人的全面而自由的发展为基本原则的社会形式，"每个人的自由发展是一切人的自由发展的条件"[①]。可见，提高人的全面素质，促进人的全面发展与促进社会的全面发展是紧密相连的。提高人的全面素质是促进社会全面发展的基础和前提，是发展的第一步。只有提高个人的素质才能提高群体的素质，才能提高民族的素质，才能促进人类社会整体素质的完善与发展，进而促进社会的全面进步，最终实现人的自由而全面发展。全面素质教育模式是社会发展对人提出的新要求。未来社会的主人，不再是强壮的体力劳动者，不再是只会操作简单机器的体力劳动者，而是具有高素质和创造能力的多能劳动者。提高人的创新能力，就是要发展人的方方面面的素质，尊重人的主体性和主动精神，开发人的潜能，形成具有个性特征的全面发展的人。这种教育模式注重个人的本体价值的体现和综合素质的提高，注重社会国民素质的提高和社会的全面发展，是克服了传统教育模式的片面性而发展起来的新教育模式。

全面素质教育模式在高职院校中运用，就是要培养高职院校大学生的综合素质。第一，尊重高职院校大学生的个性发展。学生的精神生活应该是丰富多彩的，能使每一个人都能找到发挥、表现和确信自己的力量和创造才能的场所。学校的精神生活就在于，要在每个学生身上唤起他个人的人格特性。在一种创造性的劳动（这是个人精神生活的实质本身）的领域里形成一个人的独一无二的个性。教育过程中，教育主体要在尊重高职院校大学生思维活跃、心态开放、自尊心强、被社会认可的欲望强烈等个性特征的基础上，调动学生的积极性、主动性和创造性，引导学生发挥自身潜能，全面发展。第二，培养高职院校大学生的综合能力。高职院校大学

[①] 中共中央马克思恩格斯列宁斯大林著作编译局编译. 马克思恩格斯选集（第一卷）[M]. 北京：人民出版社，2012：422.

生除了要具备较高的技术水平和政治素养外，还要具备广博的人文社科类知识，具有较好的身体素质、心理素质、文化素质等综合素质以及应变能力、实践能力、创新能力等较强的社会适应能力，能够服从于、快速适应于经济社会发展的全局，为社会创造财富。第三，促进高职院校大学生的和谐发展。"人是最名副其实的政治动物，不仅是一种合群的动物，而且是只有在社会中才能独立的动物。"①针对部分高职院校大学生价值判断标准偏低、情绪调控能力薄弱、在理想与现实之间存在挫败等负面情绪，教师要在了解学生的基础上，引导学生积极乐观地处理问题。教师要在尊重学生个性的基础上，提高学生的知识技能素质，促使他们身心和谐并能够正确处理各种社会关系，在实现自我发展中推动社会不断进步。

3. 融合显性教育与隐性教育模式

显性思想政治教育和隐性思想政治教育是相互对应的、相辅相成的教育理论和教育方法，已经引起教育界的广泛重视并加以应用。"所谓显性教育，是指教育者充分利用各种公开手段、公共场所，有领导、有组织、有系统的思想政治教育方法。"②显性教育在我国教育史上长期占有主导地位。高职院校也是通过思想政治理论课教学活动、专题理论讲座、形势政策报告会、大众教育传媒、日常行为规范管理等进行显性教育的。这种教育模式曾经取得了良好的思想政治教育效果，为社会培养了大量高技能人才。但是，随着国家对职业人才要求的提高及大学生个性化的增强，这种忽视受教育者主体性地位的教育模式的弊端越来越明显。与此相适应，隐性思想政治教育模式逐步地被重视起来。"所谓隐性思想政治教育，是相对于显性思想政治教育而言的，在思想政治教育过程中自觉运用潜性课程理论，将教育内容'不露痕迹'地隐含在创设好的教育情境中，使受教育者在不知不觉中获得某种思想、经验或做法，并内化为自身的行为规范的教育方式。"③隐性教育模式使受教育者在轻松和谐的氛围中接受教育，利

---

① 中共中央马克思恩格斯列宁斯大林著作编译局编译. 马克思恩格斯选集（第二卷）[M]. 北京：人民出版社，2012：684.

② 王瑞荪. 比较思想政治教育学 [M]. 北京：高等教育出版社，2001：58.

③ 姚素文. 显性教育和隐性教育相结合的思想政治教育模式探究 [J]. 学校党建与思想教育，2012（06）：58.

用情境教育方法使高职院校大学生树立职业自信，提高职业技能。显性教育模式和隐性教育模式各有所长，坚持两者的结合能取长补短，取得更好地思想政治教育效果。

高职院校大学生自尊心强、表现欲望强烈、喜欢探索新事物、受外界环境影响较大，融合显性思想政治教育模式和隐性思想政治教育模式，需要注意以下两方面。第一，利用显性教育的灌输作用。高职院校的思想政治教育工作常抓不懈是硬道理。社会各条战线、各个行业的人们，要从舆论上宣传国家对高素质技能型人才的重视及社会各行业对高素质技能型人才的渴求，同时强调社会竞争的激烈程度。高职院校坚持理论讲授与实例讲解相结合，提升大学生的职业自信与忧患意识，通过明确的教育内容引导规范大学生的言行。第二，利用隐性教育的情境育人作用。人是有感情的，感情对人的影响作用是巨大的。当一个人遇到各种困难时，感情的慰藉使人温暖、放松、感动，并会产生巨大的前进动力。高职院校大学生心理需求多种多样。比如，想为社会做出贡献却又缺乏必要的价值判断标准，对自己充满信心却又有一定的挫败感，想表现自己又担心能力不足等。因此，高职院校要关注大学生的生活与学习，了解他们的思想动态，尊重他们的主体性、尊重他们的人格、情绪、需求，在平等互动中进行教育。显性教育模式和隐性教育模式都要贴近高职院校大学生的生活，在充满生活色彩，拥有生活气息的环境中，让大学生接受教育，更好地发展自己。

4. 注重文化育人教育模式

文化育人，就是以文化培育、塑造人的品格。文化育人作为素质教育理念统筹下的教育模式，与知识教育一起，通过文化价值等各种非智力因素以有机整体的面貌介入，共同构成对人的成长成才发挥推动促进作用的内在动力因素，从而达到"文而化之"的目的。可见，文化育人离不开知识教育，也可以说是在知识教育的过程中，借助学校的自然景观等物质载体、制度规范等制度载体、校风校训等精神载体，把教育内容通过各种载体表现出来，在教书、管理、服务中达到文而化之的效果。高校都以其特有的文化底蕴和时代特征润物细无声地引导着学生的思想，陶冶着学生的情操。同时，有形或无形的规章制度和校园文化精神又制约规范着学生的行为，促进学生的全面发展。当然，文化育人是一项系统工程，不仅仅是涉及学校，还涉及社会、家庭等，需要全社会的共同努力。

学校文化底蕴的形成需要时间的长期积淀，而高职院校起步较晚，需要加强文化育人模式的建构。第一，创新文化育人理念。立德树人是高校文化的育人目标。高职院校要坚持立德树人为先，继承传统文化中优秀的德育资源，比如思维方式、价值观念、行为规范等，不断弘扬传统文化；同时要与时俱进，注重对学生职业素养与技能的培育。第二，提炼文化特色。每所高职院校的发展历程、建设理念、培养目标、人文素质等各有不同，与此形成的文化也各有特色。追求特色是一所学校内涵发展的必然要求。比如学校要突出办学特色，人才培养特色，毕业生就业选择特色等等，使社会中的人们更好地了解学校，认可学校，把学生放心地送到学校中学习技能。第三，注重文化熏陶。高职院校要把本校的文化特色通过物质载体、制度载体、精神载体体现出来，让学生在校园内真切地感受学校的文化底蕴，在文化的熏陶中学习生活，在潜移默化中发展自己的品格，提升自身的素质，塑造完整人格。

（二）丰富思想政治教育载体

教育载体在整个思想政治教育过程中是极其重要的。随着全球化趋势的日益加剧、社会化程度的日益提高、信息社会条件下新媒体时代的到来，思想政治教育载体日新月异。高职院校思想政治教育的特殊性决定了高职院校思想政治教育载体的特殊性。丰富高职院校思想政治教育载体，使载体能够有效承载并传递思想政治教育内容，使高职院校大学生尽可能地将教育内容内化于心、外化于行，取得思想政治教育实效。

1. 创新课堂教育载体

《中共中央、国务院关于进一步加强和改进大学生思想政治教育的意见》（中发〔2004〕16 号）（以下简称"16 号文件"）提出："充分发挥课堂教学在大学生思想政治教育中的主导作用……思想政治理论课是大学生的必修课，是帮助大学生树立正确世界观、人生观、价值观的重要途径，体现了社会主义大学的本质要求。……高等学校各门课程都具有育人的功能，所有教师都负有育人职责。……要深入发掘各类课程的思想政治教育资源，在传授专业知识过程中加强思想政治教育，使学生在学习科学文化知识过程中，自觉加强思想道德修养，提高政治觉悟。"① 可以看出，课堂教育载体始终是高职院校加强大学生思想政治教育的重要载体。

课堂教育以讲为主、听为次，以师为主、生为次，在理论讲解与知识传授方面具有很高的效率，但是不能激发学生的学习兴趣，提高学生自觉学习的能力，实效性不高。结合高职院校大学生思想政治教育的特殊性，创新课堂教育载体是一种必然趋势。课堂教学，既包括思想政治理论课，又包括一切人文社会科学教学及各门课程，都承担着对高职院校大学生进行思想政治教育的任务，课堂教育载体改革，主要注意以下几点。第一，规范课堂教学人数。针对绝大多数高职院校，思想政治理论课大班、合班授课，一二百人的合堂，文科生、理科生混在一起，教师难以驾驭的现状，规范课堂人数非常重要。本科和专科院校分别按照 1：350—400 和 1：550-600 的师生比，配足配强思想政治理论课教师，实行中小班授课。课堂上，加强师生互动交流，发挥学生的主体性与能动性。第二，改革课堂教学方法。结合高职院校大学生文化基础水平相对较差、但是思维活跃、独立意识强、有责任担当的特点，坚持感性大于理性的课堂教学方法。除了运用传统的讲授、讲述方法外，还要善于运用案例式教学法，把抽象的理论形象地表达出来。运用互动式教学法，充分展现大学生的主体性，师生在互动中共同进步。运用激励教学法，激发学生的各种潜能，引导学生自主学习。运用情境教学法，让学生在营造的情境中接受教育。

2. 强调网络教育载体

随着"互联网＋"的不断深化，互联网对高职院校大学生生活方式的影响将进一步深化。一方面，互联网带来前所未有的机遇，内容鲜活丰富且可以自主选择，对学生极具吸引力；另一方面，网络的虚拟性使网络信息鱼龙混杂、是非真假难辨，对学生是一个极大的挑战。因此，高职院校利用机遇与应对挑战完美结合，强调网络教育载体的重要性势在必行。

如果把网络思想政治教育在高等学校中的实践发展进行分阶段划分，可分为"以遭遇和应对网络负面信息冲击为特征的被动适应阶段，以各类德育网站建设为特征的阵地抢占阶段，以综合性网络社区发展为特征的圈

---

① 教育部思想政治工作司组编. 加强和改进大学生思想政治教育重要文献选编（1978—2014）[M]. 北京：知识产权出版社，2015：266-267.

子深入阶段，以教育对象自媒体发展为特征的主动供应阶段"①。高职院校大学生在信息化浪潮中成长起来，喜欢尝试新鲜事物，自主性和动手能力极强，受互联网信息量大、方便快捷、开放程度高、互动性好等特点的影响，他们喜欢并善于运用网络，受网络的影响很大。网络成为大学生除吃穿住行之外的第五大件大事。加强网络教育载体，就是利用网络这种新载体、新工具传递教育信息并进行教育。这种教育载体适用于高职院校，也适用于同样承担教育责任的社会甚至家庭。第一，完善思想政治教育网络教学平台。马克思、恩格斯曾一针见血地指出："统治阶级的思想在每一时代都是占统治地位的思想。这就是说，一个阶级是社会上占统治地位的物质力量，同时也是社会上占统治地位的精神力量。"②巩固马克思主义在高校意识形态领域的指导地位是高职院校的职责。"16号文件"鲜明指出："主动占领网络思想政治教育新阵地。要全面加强校园网的建设，使网络成为弘扬主旋律，开展思想政治教育的重要手段。"③因此，高职院校要建立"高校思想政治理论课程网站"和微信公众账号学习平台，突出职业特色，借鉴全国思想政治理论课网站建设的经验，在全国职业院校中实现网络资源共享。第二，建立师生互动的网络平台。教学要通过师生互动的交往关系得以完整表述，本质上是一种交互主体性关系。在交互共同体中，教师与学生不是互相独立彼此分离的个体，而是教学活动的主动参与者与构建者，相互承认对方的尊严与价值、品质与能力。因此，高职院校要通过校园贴吧、校园论坛、微博、微信、视频网站、功能APP等网络平台，加强师生之间的互动，通过师生互动增强大学生的主体意识，克服高职院校大学生心理上存在的挫败感及独立意识强但自我情绪调控能力差的缺点，通过相互学习达到思想政治教育的预期效果。第三，建立网络测验平台。高职学生对网络测试普遍感兴趣。高职院校要通过网络课后作业、期中期末测验、网络讨论等，了解高职院校大学生的思想状况，对存在的问题进行分类，

① 高山，胡杨. 网络思想政治教育创新与实践 [J]. 思想政治教育研究，2015（03）：116.

② 中共中央马克思恩格斯列宁斯大林著作编译局编译. 马克思恩格斯选集（第一卷）[M]. 人民出版社，2012：178.

③ 教育部思想政治工作司组编. 加强和改进大学生思想政治教育重要文献选编（1978—2014）[M]. 北京：知识产权出版社，2015：266.

分析问题成因，有针对地提出解决问题的策略，确保培养德才兼备的高素质应用型人才。

3. 拓展科技活动载体，搭建科技创新的软环境

大学生科技活动不仅仅是一场竞赛、一项活动。浓厚的学术氛围，带动更多的学生参加科技创新，让更多的学生发挥聪明才智，培养学生的创新精神和创新能力。如大学生课外学生科技作品竞赛、大学生创业计划竞赛、数学建模竞赛、程序设计竞赛、结构设计大赛、机械设计大赛、网站设计大赛等形成了校园学科融合、学术交流的新景观。以科学精神和人文精神为核心、求真务实的校园精神营造了良好的创新教育环境。对培养学生的创造性思维、创新意识和创新能力产生积极的、潜移默化的作用。

这些富有时代感和专业特色的学术活动成为科技创新的多种载体，给学生以自由地进入各种学术领域进行有选择地吸收知识的机会。可以促进学生对新知识的追求和探索。不同学科的学术活动也可以使人在概念运用、研究方法、价值取得和判断准则等方而得到多种思维方法的借鉴。通过科技实践活动这种形式，可以依靠和发挥集体力量，让学生在集体智慧中受益。在这些学术文化活动中，不同学科、不同年龄、不同个性的教授、研究人员和学生一般都是以平等的地位参加，随意交谈、辩论；相互合作。这种自由的思想交流能够迸发出新思想、新观念的火花；这种新思想、新观念在与别人的交流、辩论中得以系统和完善化。美国创造学家史密斯主张在培养创造性中，教育者的第一个作用就是设定开发创造性的条件，创造性所需要的生理、心理、社会及知识环境。这种环境载体不仅必须体现学校教师的主导，更重要的是必须体现以学生为中心的无拘无束的气氛。让学生"自由地呼吸"。这种气氛的内涵应该民主、自由、平等、和谐，要求管理民主、师生平等、学术自由、教学相长。丰富多彩的学术科技活动倡导了学习之风、研究之风、创新之风，营造了浓厚的学术创新氛围，为科技创新活动建立了良好的软环境打下坚实的基础。

因此，积极拓展大学生科技活动的载体，充分利用学校、社区、企业等多重社会资源，让学生在同社会、周围开放式、多元化的软环境互动中，坚持走课外活动与专业学习相结合、科技教育与实践相结合、接受知识与传播、运用、创新知识相结合的道，既致力于提高科技创新素养，又通过

多种形式的创业实践活动传播科技创新的理念，使科技创新活动成为营造创新的软环境的催化剂。

四、完善实践教学课程体系建设，提升产教科融合育人效果

（一）以专业重点实践课程为试点，通过健全职业素养考核提升"课程思政"功能地位

当前开展"课程思政"要先在试点进行实验，然后复制推广。应该结合专业特点选择 2-3 门主要的校企合作开发课程进行试点，如此可以集中资源、做成精品、示范复制。首先，专业实践课程的"课程思政"要适应所在专业、贴近学生实践学习，针对实习实训过程中学生缺乏吃苦耐劳精神、爱岗敬业责任意识不强、岗位规范不熟悉和思想不稳定等现实问题，把"课程思政"教育与专业实践教学有机融合，既能将思政教育拓展到校企合作实践育人环节，也能提升学生思想认识、避免学生眼高手低、保证实践课程学习效果。其次，要健全专业实践课程的思想政治素养和职业素养考核评价机制，要在专业实践考核鉴定方面实行思政教师、专业教师和企业教师共同考核机制，全面考核学生的思想政治表现、岗位责任意识、职业道德素养及团队合作精神，提升课程思政在合作育人中的地位。最后，要充分用好企业现有思政资源，诸如技能大师工作室、院士专家工作站、企业文化展馆等资源，引导学生感受工匠精神、认同企业文化、树立职业理想，进一步拓展课程思政育人功能。

（二）建立大学生社会实践保障体系，探索实践育人的长效机制

高职院校为社会提供生产、服务第一线的职业人才，对学生的实践动手能力要求很高。依据唯物主义认识论的理论，实践是重要的，因为实践是认识的来源，实践是认识发展的动力，实践是认识的目的，实践是检验认识正确与否的唯一标准。高职院校大学生感性认识丰富，理性认识不足，实践让学生体会的更真切。实践教育载体是思想政治教育的重要载体，国家、各用人单位及高职院校都比较重视。"16 号文件"指出："社会实践是大学生思想政治教育的重要环节，对于促进大学生了解社会、了解国情，

增长才干、奉献社会，锻炼毅力、培养品格，增强社会责任感具有不可替代的作用。要建立大学生社会实践保障体系，探索实践育人的长效机制，引导大学生走出校门，到基层去，到工农群众中去。高等学校要把社会实践纳入学校教育教学总体规划和教学大纲，规定学时和学分，提供必要经费。积极探索和建立社会实践与专业学习相结合、与服务社会相结合、与勤工助学相结合、与择业就业相结合、与创新创业相结合的管理体制，增强社会实践活动的效果，培养大学生的劳动观念和职业道德。"①《关于全面提高高等职业教育教学质量的若干意见》、《普通高校思想政治理论课建设体系创新计划》都提出实践教学的重要性，并努力强化实践教学，发挥实践环节的育人功能。

高职院校注重实践教育载体，具有两方面作用。一方面，把深刻的、正确的、抽象的理论还原到实践中体现出来，加深学生对理论的认识与理解，然后再回到实践中去指导实践并检验理论正确与否，这样的过程循环往复。另一方面，让一群思想活跃、动手能力强的大学生在实践中来学习与交流，激发他们的学习兴趣，磨练他们的意志与品格，增强他们的社会责任意识和奉献意识，这符合高职院校思想政治教育的目的要求。注重思想政治教育实践教育载体需要注意以下几个方面。

第一，注重实践教学体系的顶层设计。科学的培养方案是提高人才培养质量的基础环节，高等职业院校尤其注重培养学生的实践能力和创新能力。因此，在人才培养方案上，高职院校一定要增加实践教学学分，突出实践教学的地位。实践教学的过程也是育人的过程，也是思想政治教育的过程，无论是思想政治理论课还是其他的课程都要突出实践学分。

第二，注重课程实践教学与专业实践教学的结合。高职院校为了适应经济发展、产业结构升级和技术进步的需要，建立专业教学标准和职业标准相结合的联动开发机制。某一门课程的实践教学是教学的主要形态，对学生形成合理的知识结构有重要作用。而某一学科专业的实践教学，提供学科专业技能的综合性训练，有助于深化学生的专业理论和专业技能，增强学生的专业伦理与职业适应性。课程实践与专业实践相结合，是增强高

① 教育部思想政治工作司组编. 加强和改进大学生思想政治教育重要文献选编（1978—2014）[M]. 北京：知识产权出版社，2015：267.

职院校大学生职业能力与职业素养的重要途径。因此，高职院校要注重校企合作、工学结合，在实践中增加教学、学习、实训相融合的教育教学活动，同时加大实习实训在教学中的比重，创新顶岗实习形式，强化以育人为目标的实习实训考核评价。

第三，注重社会实践教学。高职院校主要培养服务区域经济社会发展和人的全面发展的高素质技能型人才，必须走入社会进行实践锻炼。除了暑期以"三下乡"为主要内容的社会实践教育外，高职院校要鼓励学校与企业、行业、社区合作，引导高职院校大学生积极参与社会公益活动，用自己的智慧与力量奉献自己的爱心，强化社会责任意识，在服务社会的过程中感知幸福，体验快乐，不断强化自身修养，达到自我教育的目的。

五、切实推进教育考评体系建设，形成有效反馈

产教科融合是教育改革的新方向，坚持以合作办学、合作育人、合作就业为主线，这使思想政治教育环境等各方面都发生了变化。在产教科融合新形势下，为了促进思想政治教育更好地发展，对大学生思想政治教育的管理评价体系进行改革已经刻不容缓。目前，对大学生思想政治教育的考评，更多的是从学校方面进行书本知识考察，由于评价形式的单一性和片面性的影响，也无法准确把握大学生的思想道德水平，不能提高思想政治教育的针对性。所以在思想政治教育的评价方面，还需进行一定的改进。

（一）推动考评内容多样化

课后考评是教育的重要环节，也是检验教学效果的重要手段。与其他课程相比，思想政治教育就是向学生灌输一定的理论知识，塑造学生良好的行为习惯，最终目的落脚在于培养学生以积极的精神状态进行社会实践，这些课程具有强烈的价值导向性，不能仅仅依靠卷面考查，要对其进行多形式考查。

第一，拓展多种形式考查。思想政治教育不是一蹴而就的，它是一项系统性、长期性的教育工作，要贯穿人的一生。所以，思想政治教育不能只有书面考核一种方式，要促进考评形式多样化，注重对大学生的综合素质的考评。一方面，在平时的日常考核中，多引入包括平时在学校日常生

活中的变现。在期末考试中，试卷考核要多增加分析题，从答题中把握大学生的思想政治水平。还可以安排教师深入企业，观察大学生在实践学习中的行为、表现，给予大学生一定的评价。争取从试卷考察和实践考核双角度评价大学生的道德素质水平。另一方面，在产教科融合过程中，可以从多层面评价大学生。教材只是教育的一个蓝本和依托，并不是思想政治教育的全部。要想使大学生在知识、品德、能力等方面的素质得到真正的提高，评的眼界也应该不断拓展，根据社会发展对大学生的期许，拓展考评的研究，丰富考评的方式，使整个考评更立体、更多样、更全面。这样的考评方式，能把大学生从过去注重书本知识考查引导到注重实际思想道德水平和能力的提高上来。有这样一个全面、多样的考查方式，才能准了解大学生思想上的变化，把握他们的思想道德水平。

第二，注重对教育主体的考查。在产教科融合过程中大学生思想政治教育考查的问题上，多数都从对学生考查的角度进行研究，而教师在教育中有着重要的作用，教师的思想政治素养的培养和提高也十分重要。在产教科融合师资队伍建设的问题方面学校与企业双方大多均缺乏科学合理的绩效考评制度。所以针对此问题应当建立起相对应的评估制度，将思想政治教育的目标管理和过程管理统一起来，科学管理思想政治教育工作。一方面，学校教师考核不能在唯论文，要对教师进行专业知识、授课技巧、道德素质和实践能力等方面进行考核。对于任何与思想政治教育有关的人员，进行系统的培训，提高师资队伍的理论水平和责任意识。另一方面，企业也要加快建立对实践教学的考评机制，不仅要对技能教学进行考评，还要监督企业实习教员的思想政治教育工作。将思想政治教育融入实践教学作为企业实习教员的考核指标，强调思想政治教育的重要性，既考查思想政治教育过程，又强调效果。以提高思想政治教育工作实效性为考评目的，以学校教师和企业实习指导教师为考评对象，采用定量与定性分析相结合、定期考评和日常考评方式，提高教师队伍的综合素质。

（二）推动考评主体多元化

随经济和社会的不断发展，全球化的速度加快，信息传播非常迅速，各种社会思潮的冲击对大学生的影响非常大，对他们世界观、人生观、价值观的养成都带来一定的影响。在产教科融合背景下，大学生的学习环境更加复杂，要对大学生思想道德素质有一个全面的认识和把握，就要从不同角度进行考评，丰富思想政治教育的考评主体，鼓励多元主体共同参与对大学生道德素质水平的评价活动。

第一，重视企业对学生的考查。产教科融合过程中，大学生有一部分时间在企业实践学习。所以，在对大学生进行全方位考察时，不能忽略企业对大学生道德素质考察的重要作用。一方面，必须重视企业对大学生思想政治素质考评的作用。企业要建立思想政治教育的评估制度，将思想政治教育和实践教学统一管理，科学管理思想政治教育工作。思想政治教育对于大学生成长成才、企业长久发展和社会的稳定有重要作用。企业要加快建立科学的、全面的考评制度，既考察思想政治教育过程，又强调思想政治教育效果。对思想政治教育工作的考评，要抓全面。恰当的考评能为思想政治教育工作体系构建和良性运行提供有力支持。另一方面，在对大学生的思想政治素质进行考核时，要着重对大学生在实践学习中的态度，实践学习中的团队协作能力，与同学和企业员工之间的相处等各个方面表现作为考核的内容，全方位多角度地对大学生的思想政治素质作出综合评价。推进产教科融合的教育模式，就是为了促进大学生德智体美劳全面发展，企业要按照这个标准对大学生的思想政治素质进行综合测评。并将大学生的思想政治素质考核结果反馈给学校。学校不仅要根据企业的考核进行针对性的引导，也要把这个考核结果作为对大学生考核的一部分，提高大学生对实践学习的重视。

第二，重视朋辈群体的评价。朋辈是朋友同辈的简称。在朋辈教育关系中，大家是一种平等友爱的关系，他们之间相处更自然，更容易释放自己的天性，这时一个人思想道德素质外化更彻底、更完全。在进行思想政治素质评价过程中尽可能让所有的评价主体都能参与进来，尤其要把朋辈群体纳入到考评的主体范围内。大学生在不同的学习阶段，思想政治素质也会发生不同的变化，但社会对综合素质全面发展的人才的需求不会变。根据社会发展对人才道德素质的需求，大学生间的相互评价可以分为：其一，宿舍同学的评价。宿舍同学是大学生学习生活中接触最多的人，进行近距离的考察，可以对考评对象的人际关系、责任心、诚实、公正的品格等有一个精确的把握。其二，班级同学的评价。班级同学之间的考评可以通过组织的集体活动考察考评对象的团队合作精神、热爱集体和参加集体的态度、同学之间的团结友爱和待人的真诚度等。其三，实践学习队友的评价。在企业实践学习期间，实践队友对考察对象思想变化了解得最为清楚，可以看出一个人在实践中面对困难、挑战和诱惑时最直接的反应。重视朋辈群体的评价，有助于更全面地把握大学生的思想政治素质。

（三）推动考评结果科学化

产教科融合背景下，学科体系更加开放、教学环境更加复杂、思想政治教育的难度也更大。建立和完善考评体系和工作机制，有利于实现对思想政治教育工作的全过程的动态管理、反馈和指导，提高思想政治教育工作的实效性，实现思想政治教育考评的科学化，也有利于促进大学生整体素质的提高。因此，必须高度重视思想政治教育考评结果科学化，充分发挥其评价、指导、引导和激励的作用。

第一，要细化考评成绩。实践是把理论知识转换为实践能力的关键环节，思想政治教育本身就具有实践性的特征，把思想政治教育融入社会实践，融入产教科融合的全过程，对于促进大学生了解社会、了解国情、增长才干、奉献社会，锻炼毅力、培养品格，增强社会责任感具有不可替代的作用。产教科融合提供了实践教学的平台，可以通过对实践中思想政治素质的表现考评，来反映大学生的思想政治素质、道德水平与修养。"实践学习思想政治素质鉴定表"的内容可以包括大学生实践学习的态度、工作时表现的态度、实践行为等，大学生在参加企业实践学习过程中是否遵守企业规范、尊重企业实习指导教师和关心实践的同学等都可以在鉴定表中加以反映。但这个表不同于以往笼统的评价，要对每一项考核都有一个细化的分数，例如，在遵守企业规范方面，同学的表现情况和得分，在尊重企业教员和关心实践的同学的表现情况和得分，这样能更容易把握大学生思想道德的详细情况。

第二，要精确考评细节。在产教科融合背景下对大学生思想政治素质的考核，应更多地注重过程而不仅仅是结果，这种考评方式应该贯穿在产教科融合的全过程。在这种考评理念的指导下，把动态考核和静态考核相结合,对大学生的综合素质视为一个动态发展的过程,在发展中对学习态度、学习能力、操作技能等方面,作出一个更为客观和符合实际的考评。民主评议有一定的价值,但其会受到许多不确定因素的影响,不能把民主评议作为唯一的依据。要精确考核的细节,不能单纯地把考核分为高尚"和"恶劣"。如有一些大学生在企业实践学习时,虽然学习得较慢,在工作岗位上没有什么突出成绩,但他态度端正,学习十分用心,也尊重爱护身边的人,这可能是十分容易被忽视的细节。虽然这些品质短时间难以创造巨大社会效益,但在实践学习中态度端正,工作兢兢业业,是令人一生都受益的品质。在考核中要制定详细的考核标准,把每个人的思想变化都呈现出来,摒弃以往"树榜样"和"抓典型"的方式,要把每个人都放在考核的中心。

六、将产教科融合教学模式作为校园文化,建立思想道德教育理念

(一)充分发挥文化载体以文化人的作用

文化以载体形态进入到思想政治教育领域,对受教育者进行引导、教化、说服,是因为文化本身与思想政治教育有着密切地联系。人的发展的过程是人的社会化的过程,是个体的思想品德达到社会发展所要求的思想品德的过程。对于统治阶级而言,必定想方设法将维护和巩固本阶级的文化确定为主流意识形态,并以此种意识形态为标准统领整个文化体系,使之成为社会生活公众的文化观念,并用文化的力量让人们认同这种意识形态,从而产生预期的行为。人的所有活动都与文化有关。人的社会化的过程是人不断进行文化学习与文化适应的过程,是在特定的文化和主流意识形态中进行的,利用文化提供的隐形思想政治教育平台,激活教育因素,进行思想政治教育的过程。同时,由于文化传播"是各种文化资源和文化信息在时间和空间中的流变、共享、互动和重组,是人类生存符号化和社会化的过程,是传播者的编码和读者的解码互动阐释的过程,是主体间进行文化交往的创造性的精神活动"[①],在人们的社会交往中进行着文化信息的传递、分配和共享,将思想政治教育的内容渗透到文化建设中,以满足人的

---

① 庄晓东. 文化传播:历史、现实和未来[M]. 北京:人民出版社,2003:6.

政治社会化的需要。总之，无论从文化的意识形态属性还是从文化的传播方式来看，文化都可以成为思想政治教育的重要载体。

高职院校大都以理工科为主，文化氛围不浓厚。高职院校大学生的自主意识、独立意识、自我表达意识较强，对其进行思想政治教育不能硬性强化，只能通过润物细无声的文化载体传递教育内容，使大学生在不知不觉中接受教育。营造思想政治教育文化教育载体，要注意以下三个方面。

第一，明确文化载体建设的目标。习近平指出："人类社会发展的历史表明，对一个民族、一个国家来说，最持久、最深层的力量是全社会共同认可的核心价值观。"[①]高职院校的思想政治教育目标就是要充分发挥社会主义核心价值观的统领作用，帮助大学生树立正确的价值观，坚持立德树人为根本目标。

第二，利用文化产品进行思想政治教育。陈万柏教授在谈到思想政治教育文化载体时指出，文化载体要发掘、利用既成的文化产品如书籍、绘画、雕塑、音乐、舞蹈、戏剧、影视、革命纪念地等文化形式中的教育因素，发挥其思想政治教育功能，主要是利用文化产品内涵的思想、道德、人格因素开展思想政治教育。如书籍本身只包含了教育因素，并不是教育载体，组织、引导人们读书、开展读书活动才是思想政治教育载体。因此，社会要大力发展文化事业和文化产业，为学生提供更多更好的文化产品和文化服务。国家文化部门和艺术团体要结合高职院校的特色，推进高雅文化进校园，丰富学生的校园文化生活，提高学生的艺术修养。另外，组织学生到各类博物馆、展览馆、纪念馆、烈士陵园等爱国主义教育基地参观、考察，能够发挥爱国主义教育基地对大学生的思想政治教育作用。

第三，营造良好的群体文化。文化是历史积淀的产物，一旦形成，便会被生活于此区域内的人们所接受并认可。因此，文化具有群体性特征。虽然不同群体的文化不同，但都会指向社会的主流文化。无论是社会、学校、企业、家庭还是同伴群体等，都要营造以社会主义核心价值观为主流价值观念的群体文化。政府有关部门要净化文化市场和网络环境，开展形式多样的文化活动，增强公民对会的认同感与归属感。高职院校要加强校园文

① 习近平.习近平谈治国理政[M].北京：外文出版社，2014：168.

化建设，加强思想道德建设与职业能力建设。企业要营造良好的企业文化，并加强与职业院校的融合，发挥校企合作的教育功能。家庭教育中，家长要提高自身的思想政治道德素质，营造良好的家庭德育环境。总之，高职院校营造文化教育载体是一项系统工程，需要社会各界将思想政治教育的内容渗透到文化建设中去，通过文化建设过程感染人、教育人。

（二）大力营造和谐校园文化氛围

1. 使校园文化与主流价值融合

优秀和谐的校园文化氛围是高校立德树人，进行思想品德教育的基础，它能够对大学生的思想观念、道德认知、价值取向、生活态度、学习态度、精神生活与行为方式产生潜移默化的积极影响。这种渗透式的隐性思想政治教育方法，往往在春风化雨、润物无声中实现对大学生的价值塑造和道德提升，它的熏陶感染作用是其他教育教学和管理服务工作无法取代的。

校园文化一般可以分为物质文化、制度文化和精神文化三类，其中精神文化是校园文化的核心与灵魂、物质文化是校园文化的基础与条件，制度文化是精神文化和物质文化的中介。校园文化是培育和践行社会主义核心价值观的重要载体和实现路径，而培育和弘扬社会主义核心价值观是贯穿高校校园文化建设始终的一根主线。因此，应该围绕立德树人这一中心环节，把大学生思想品德教育与中华优秀传统文化里积淀的文化精髓、与革命文化中流淌的红色基因、与社会主义先进文化中传播的核心价值观实现有机融合。将针对大学生主流价值教育融入并渗透到体现中国特色社会主义特征、时代特点、学校特色的校园文化建设中，全面提升隐性思想政治教育方法的实效性和针对性，努力拓展隐性思想政治教育方法运用的空间领域。通过加强校风建设，优化校园精神文化、物质文化、制度文化，积极营造良好育人育才环境；加强大学生人文素质和科学素质，把中华优秀传统文化、革命文化、社会主义先进文化等主流价值教育内容巧妙地渗透大学生思想政治教育的全过程，渗透到丰富多彩、形式新颖的学术、科技、体育、艺术、志愿服务和校园文娱活动中，不断满足大学生日益增长的精神文化需求、自我发展需求，真正实现全程育人、全方位育人；创造企业参与校园文化活动的机会，例如，企业赞助音乐节、艺术节等校园文化活动，增进学生对企业的了解，既利于企业的宣传推广，又利于学生的就业；加强高校校园网、广播、电视、展板、板报、学报、论坛等宣传文化阵地的建设与管理，大力弘扬主旋律、传播正能量，提振精气神。

校园文化建设与社会主流价值的有机融合，是营造和谐校园文化氛围，打造健康育人环境的重要条件，唯有促进这一条件的良好发展，隐性思想政治教育方法的运用范围才会更加广阔，才会有良好有序的发展前景，才会在新时代大学生思想政治教育方法体系中占有一席之地并落地生根，从而更好地发挥育人育才的重要功能，为中国特色社会主义建设贡献智慧和力量。

2. 运用多种载体实现文化育人

营造和谐健康有序的校园文化及育人环境，离不开多种育人载体和介质的助推作用。因此，高校思想政治教育主体要挖掘和运用丰富多样的育人载体，实现文化育人，使校园文化、育人环境叫好又叫座，使隐性思想政治教育方法的育人功能得到进一步提升和加强。

首先，通过文化符号的具象表达，加强校园文化的认知与认同。挖掘校徽校旗、校训校歌的文化内涵，积极宣传校徽校旗、校训校歌的文化故事，进一步校徽校旗、校训校歌的使用。可以通过校训墙、书法、演讲等方式来传播校训的文化内涵，通过拍摄校歌 MV、举办新生合唱比赛等文娱活动促进对校歌的认知和传唱，提升广大师生对学校的认同感和归属感。打造与学校文化相关的文化衍生品，扩大传播载体，加强多方合作，推出有专属文化符号的校园纪念品。丰富学校文化的传播载体，并在这一能动的、渗透式的教学过程中实现大学生的全面发展。

其次，深入挖掘文化活动的内涵，打造经典校园文化品牌。邀请知名学者、科研专家、杰出校友、社会名流、企业精英、劳动模范等登上学校讲台，积极梳理、整合对学术讲座的引导和管理的各种制度，强化学术讲座春风化雨式的育人效应，全面打造学校学术讲座品牌，提高学术讲座的知名度和影响力。同时，规范升旗仪式、开学典礼、毕业典礼、颁奖仪式等的程序及基本礼仪，发挥以史育人、仪式育人功能，传播主流价值理念，增强师生对学校文化的认同感和神圣感。

最后，融入环境文化建设，使文化育人"润物细无声"。将学校文化元素融入校园环境建设的方方面面，既能更好地传承一所学校的历史建筑风格、校情风貌，更能通过这种"润物细无声"的育人方式，传递学校历史文化积淀和校园文化品位，实现以环境化人、以文育人的效果。学校通过加强文化场馆建设及其基本内涵挖掘，让校园里的历史建筑，比如博物馆、展览馆、礼堂、图书馆、自习室等成为文化育人的重要阵地。此外，打造线上线下的校园阅读泛空间，定期推出书展和世界读书日主题阅读月活动，大力扶持图书室、图书角等阅读场所建设，形成独具特色的书香生态系统。同时，依托校园的自然环境进行自然文化景观规划建设，着力打造文化景观亭、纪念碑、石刻、文化故事墙、休息椅凳等文化设施，将校园文化融入自然景观之中，于潜移默化之中起到文化育人的效果。

3. 以人为本为前提的以文化人

高校育人环境下的以人为本，就是以学生为本，要充分学生的主体性，满足学生的自我发展需要、自然需要和精神需要，必须围绕学生、关照学生、服务学生，使他们从以往教学过程中扮演被动接受的角色中解放出来。而以学生为本的以文化人，就是在校园文化、育人环境建设过程中，给予学生充分的理解和尊重，使他们在和谐健康有序的教育环境中，感受人文关怀，体验主人翁地位，真正从以往被动接受教育的牢笼中解脱出来，在轻松、舒缓的环境中，实现自我认知、自我教育，并最终全面提升自身思想水平、政治觉悟、道德品质和人文素养。因层次不同、认知水平不同、天赋秉性不同，学生之间存在个体差异性，所以，在以文化人、以文育人的渗透式教育过程中，也要充分尊重学生的个体差异性，要因事而化、因时而进、因势而新地运用因材施教的教学方法，为每一个学生在学习、生活、情感上都有好的归宿，使他们在学校也同样感受温暖、感受关怀，并在此基础上，鼓励学生发挥自身特长积极参加各种教学及校园文娱活动，进而加强他们的主人翁意识。以饱学之师、浩然之气让学生感悟校园文化，引导青年学生崇尚科学、追求真理，在校园文化的熏陶下笃定理想信念。

通过在新生开学典礼、入学教育中增加校史校情教育板块，使学生迅速融入校园文化、校园环境中，强化他们入校后的荣誉感、认同感和归属感。也可以通过开设校史校情选修课，建立完善的文化标识体系，提升学生对学校历史、学校文化、学校成绩的理解与认识，激发他们的爱校热情。

加强对学生的理想信念教育、责任担当意识培育以及爱国主义情怀培养，帮助他们构建起正确的世界观、人生观、价值观，在社会实践、志愿服务、择业就业等环节中实现自我认知、自我教育、自我提升，并培养志存高远、服务国家、奉献社会的高尚情怀，使他们的主体性得到充分发挥，学以致用，服务社会报效祖国，将个人价值的实现与国家期望、社会需要实现有机结合。

（三）营造大学生科技创新创业的校园文化氛围

高校创新创业文化是校园文化的一部分。在校园文化建设中进行科技创新创业文化的创建并深入开展科技创业教育氛围的营造，将有利于对科技创新创业人才的培养。

1. 构建科技创新创业教育的校园物质文化

构建校园的物质基础，如校园环境、图书资料、科研设备、传播媒体、文化设施及校园内开展与科技创业教育有关的文化和科技实践活动等，它是科技创新创业教育的物质载体，是校园文化发达程度的外在标志。

2. 构建科技创新创业教育的校园制度文化

主要包括科技创新创业教育在校园内进行宣传和运行的组织机构、领导体制、运行机制等，它是科技创新创业教育根治于校园文化的重要组成部分，对校园文化起到重要的导向和约束作用。

3. 构建科技创新创业教育的校园精神文化

包括崭新的科技创业教育办学理念、发展目标、价值观念、教学科研活动等，它是学校创新创业教育精神的集中体现，是校园文化的核心。

高校的创新创业文化应具有鲜明的时代特征、体现时代的精神，具有特有的内涵、功能和作用。在进行创业素质培养时可以发挥高校校园文化建设与创新创业教育的关系，充分发挥校园文化的积极作用。校园文化要在形式上更丰富多彩、生动活泼，内容上具有广泛性、多层次性，将科技创新创业教育与校园文化建设结合起来，对学生思想行为可以产生持久而深入的影响，以取得创新创业教育多方面的效益。在校园文化建设中突出创业素质培养这一主题，通过校园文化建设营造创新创业教育的浓厚氛围，努力实现培养创业型人才的目标。

七、更新高校思政教育内容，提高思政教育实效性

"16号文件"指出，加强和改进大学生思想政治教育的主要任务是："以理想信念教育为核心，深入进行树立正确的世界观、人生观和价值观教育。……以爱国主义教育为重点，深入进行弘扬和培育民族精神教育。……以基本道德规范为基础，深入进行公民道德教育。……以大学生全面发展为目标，深入进行素质教育。"[①]坚持全面发展观，促进学生全面而自由地发展，更好地适应并改造客观世界，在这一点上，高职院校大学生思想政治教育与普通本科院校大学生的思想政治教育具有共通性。实现思想政治教育的目标，要通过各个阶段、各项思想政治教育的内容来实现。因此，全面丰富与完善思想政治教育内容非常关键。高职院校大学生的思想政治教育，既要坚持普通本科院校大学生全面发展的理念，又要突出它的职业特色。

（一）以理想信念教育为核心

"理想信念作为一种观念形态，是人类特有的精神现象。就其本质而言，理想信念是人们对未来的向往和追求，是一个人的世界观和立场在奋斗目标上的集中体现，是确立人生价值取向的最高准则。"[②]理想信念曾指引中国人民取得革命、建设、改革的伟大胜利。"为什么我们过去能在非常困难的情况下奋斗出来，战胜千难万险使革命胜利呢？就是因为我们有理想，有马克思主义信念，有共产主义信念。"[③]"我们一定要经常教育我们的人民，尤其是我们的青年，要有理想"。[④]今天，中国正在积极推进社会主义现代化建设，努力实现中华民族伟大复兴，需要理想信念的支撑。理想信念教育关系着青年学生的成长成才。习近平总书记在同各界优秀青年代表座谈时指出："广大青年一定要坚定理想信念。'功崇惟志，业广为勤。'理想指引人生方向，信念决定事业成败。没有理想信念，就会导致精神上的'缺

---

① 教育部思想政治工作司组编. 加强和改进大学生思想政治教育重要文献选编（1978—2014）[M]. 北京：知识产权出版社，2015：266.

② 张耀灿，郑永廷，等. 现代思想政治教育学（第2版）[M]. 北京：人民出版社，2006：150.

③ 邓小平. 邓小平文选（第3卷）[M]. 北京：人民出版社，1993：110.

④ 邓小平. 邓小平文选（第3卷）[M]. 北京：人民出版社，1993：110.

钙'。"[1]理想是指路明灯。没有理想，就没有坚定的方向。没有方向，就没有明确的生活目标。因此，形成坚定的理想信念，便有了明确的生活目标，便有了支配人们行动的持久的精神动力。

高职院校大学生的理想信念教育要特别注意受教育主体的变化。高职院校大学生是国家培养的重要人才，承担着社会发展的重要历史使命，既要引导他们树立远大的社会理想，又要结合职业特色树立明确的个人理想，把社会理想与个人理想紧密结合。第一，政治理想是前提。从个人与社会关系角度来说，个人与社会相辅相成，密不可分。个人只有在社会中才能生存与发展，个人离不开社会；社会由个人组成，社会离不开个人。反映在理想问题上，个人理想与社会理想相辅相成，密不可分。一方面，个人理想依赖于社会理想，受制于社会理想；另一方面，社会理想依赖于个人理想，由个人理想构成。高职院校大学生要认识到高职教育在社会发展中的重要地位，勇于承担社会历史使命，树立社会主义、共产主义理想信念，树立中国特色社会主义共同理想，即树立实现中华民族伟大复兴，实现中国梦的伟大理想信念。第二，道德理想是核心。道德理想是社会所树立的做人的榜样和楷模，是社会道德原则、规范、品质的结晶和体现，是每一个人都要追求的理想目标。高职院校大学生要不断培养职业道德品质，以身作则为国家做出贡献。第三，职业理想是关键。高职院校大学生学得职业技能后走入社会，服务于区域经济和社会的发展。这要求他们，树立明确的职业目标，并热爱职业，干一行爱一行，爱一行钻一行，把职业当成自己的事业来做。

（二）以爱国主义教育为重点

爱国主义是中华民族的优良传统，千百年来鼓舞和激励各族人民为国家的繁荣与发展做出贡献。在建设社会主义现代化、实现中华民族伟大复兴的今天，爱国主义教育仍然重要。没有国哪有家，没有家哪有我。这种国家情怀最具凝聚力和号召力，凝聚起五十六个民族的力量为中国的革命、建设、改革英勇献身、前仆后继。中国经济高速发展，创造了世界经济奇迹，也是爱国主义在发挥着作用。爱国主义是个体依赖祖国的感情寄托。每个

---

① 习近平．习近平谈治国理政 [M]．北京：外文出版社，2014：50.

人都在祖国中生存、发展、完善，对祖国的经济、政治、文化、社会、生态等环境有一种认同感、依赖感与归属感，一旦离开便会产生眷恋与依依不舍。爱国主义是个体规范自己的行为规范。从内化与外化关系的角度看，个人的爱国认知在自己成长的历程中慢慢内化为爱国情感，这种爱国情感不断强化并坚持，即使遇到障碍也能用意志力去克服，久而久之便形成一种爱国主义精神，最终外化为爱国的行为规范，规范自己的言行，使之符合社会发展的要求。比如，当个人利益与集体利益、国家利益发生冲突时，能自觉维护集体利益和国家利益；当有人损害集体利益、国家利益时，能够自觉地抵制。爱国主义是个体维护国家的政治原则和道德规范。维护这个国家，就要维护这个国家所拥有的一切，比如物质形态的大好河山、精神形态的历史文化与国家制度等，维护各种形态的国家存在，确保国家的稳定与发展。

爱国主义教育如此重要，早已成为大学生的必修课。高职院校大学生毕业后大多数要进入社会经济发展第一线从事技术工作，他们所接受的爱国主义教育的效果如何直接关系到他们对自身工作的热爱程度及基层其他技术工人的稳定程度。因此，高职院校大学生的爱国主义教育也是至关重要的。高职院校大学生对人文社科类知识关注度不高，对国家政治制度的理解不够深刻，对他们进行爱国主义教育时，高职院校要注意方式方法的多样性与通俗化，帮助学生更好地理解掌握并付诸于行动。

第一，增强对国家的政治认同。对国家的政治认同是承认国家存在的基础，也是爱国主义教育的重中之重。政治认同包括对政治制度认同、政治价值认同、政治规范认同、政治效果认同。具体说来，就是认可社会主义制度与中国共产党的执政地位，并坚持两者的统一；认可社会主义核心价值观，并巩固马克思主义意识形态的指导地位；认可国家的法律规范与道德原则；认可国家的公共政策带来的效率与公平。高职院校大学生形成这些基本的意识，从根本上认清国家存在的价值及自身所处的环境。

第二，加强爱国主义教育实践。高职院校大学生多层次认知水平决定了高职院校要利用灵活性教育方法进行爱国主义教育。高职院校大学生思维灵活、动手能力强，实践培养模式就是利用大学生的以上优势。实践培养模式是高职院校大学生思想政治教育的培养模式之一，也是实践效果比较好的培养模式。比如利用重大活动纪念日、节假日、主题宣讲、主题活动纪念日等宣传爱国主义教育内容，增强爱国主义教育情感；利用社会实践教学、定岗实习等实践活动进行实践的爱国主义教育。

第三，增强职业能力。爱国主义不是抽象的、口头上的阐述，而是具体的、实践能力的统一。高职院校大学生要把爱国的情感转化为实际的工作能力，用实际能力付诸爱国实践。大学生要加强职业理论学习，不断增强职业理论素养；加强职业实践锻炼，不断增强职业实践能力；加强身体锻炼，不断增强身体素质等，以德才兼备的高素质职业技能回报社会。

（三）以社会主义核心价值观教育为根本

价值，是人类社会主体实践活动的永恒追求。价值是在主体与客体互相作用的过程中产生的，是客体的事物满足主体的现实的人的需要的属性与功能，是一个发生和实现的过程。价值观是价值主体判断、衡量价值客体的基本标准和尺度，是在价值发生和实现的过程中产生的。价值观是一个人内在的精神标尺，决定了人生的努力方向与价值追求，是人生存与发展的关键法则。社会中存在不同阶层，不同职业，不同利益群体，因此价值观是多层次的、多元多样的。在多元多样的价值观格局中，总有一种价值观处于支配地位，是社会价值观格局的核心与灵魂，影响、统领其他价值观，这便是核心价值观。习近平在北京大学师生座谈会的讲话中指出："核心价值观，承载着一个民族、一个国家的精神追求，体现着一个社会评价是非曲直的价值标准。"① 核心价值观是人们对生活现实的总体认识、基本理念和理想追求，是一种客观的社会意识形态。从时代背景看，国内价值取向多元化、价值标准功利化、价值知行矛盾化；国外极端的价值观念，如拜金主义、个人主义、享乐主义不断涌入中国，加强国内社会主义意识形态的灌输，进行社会主义核心价值观教育势在必行。

高职院校大学生处在社会发展、个人发展的关键时期。从社会发展角度看，中国已经进入全面深化改革的关键期和深水区，各种利益关系交叉复杂，各种利益群体矛盾凸显，思想文化多元多样，社会主义核心价值观正在大力推行；从个人发展角度看，高职院校大学生处在"三观"形成的

① 习近平．习近平谈治国理政 [M]．北京：外文出版社，2014：168．

关键时期，对各种价值标准缺少明确的判断，价值认知与行为出现偏差，但是形成自我价值的欲望却很强烈，综合考虑两种现实情况，加强对高职院校大学生的社会主义核心价值观教育任重道远。"核心价值观的培育和践行，是一个逐步积累、逐步认识、逐步形成共识的过程，不可能是朝夕之功。"[①]要完成这个任务，需要在尊重学生个性差异的基础上把社会主义核心价值观的内容传达给高职院校大学生，引导其形成正确的价值观，需要结合职业特色积极践行社会主义核心价值观。

第一，正确解读社会主义核心价值观内容。社会主义核心价值观容虽然从国家层面、社会层面、个人层面做了规定，但是对于高职院校大学生来说，有些内容还是难于理解。因此，高职院校要充分发挥思想政治理论课的理论灌输作用，对核心价值观进行细致全面地解读，运用大学生易懂的语言明确社会主义核心价值观"实际上回答了我们要建设什么样的国家、建设什么样的社会、培育什么样公民的重大问题"[②]，教育大学生爱国、爱社会、爱自己。

第二，结合职业特点践行社会主义核心价值观。高职院校大学生受西方个人主义价值观思想及国内负面思想的影响，个体本位价值突出，价值标准功利性明显。在实际教育过程中，要主张积极的自我价值肯定，尊重个体差异性，注重个体主体性及个体的潜能与能力的发挥，通过发挥大学生党员模范示范作用、社会实践历练作用、校园文化引领作用、网络育人作用等使社会主义核心价值观内容层次化、实践化。个体的自我价值越是倾向于内在的精神性追求，外在的物质性追求对个体的自我价值感越小。

第三，建设社会主义核心价值观教育的有效机制。稳定有序的机制是保障社会主义核心价值观落到实处，取得实效的前提。社会主义核心价值观作为主导价值观，要纳入国家制定的各项政策法规，同时加大政策的执行力度。建立考核奖励机制，调动高职院校大学生学习和践行社会主义核心价值观的积极性。

① 袁鲁主编. 理论热点 18 讲 [M]. 北京：新华出版社，2013：45.

② 习近平. 习近平谈治国理政 [M]. 北京：外文出版社，2014：169.

（四）以职业道德教育为基础

"每一个阶级，甚至每一个行业，都各有各的道德。"[①]职业道德是从业者在职业活动中应具有的道德观念、道德情操、道德品质及应遵循的道德行为规范的总称，具有调节职业内部、职业与职业之间、职业与社会之间各种关系的功能。职业道德源于人类职业活动的实践，是维护职业活动正常运转的规定与法则，具有不可侵犯性。现代社会的职场竞争日趋激烈。如果人们在职业实践中能够掌握职业道德的基本知识，相应的职场规则，培养正确的职业道德观，那么人们便能更好地适应职业生活。

目前，国家大力发展现代职业教育，培养数以亿计的高素质劳动者和技术技能人才。高职院校的职业道德教育，既要符合高等教育发展的规律，是高层次的教育，又要具有鲜明的职业特色，集专业性和特殊性于一体，培养工作中所需要的道德素养与职业能力是职业道德教育的具体目标。针对部分高职院校大学生的职业道德教育长期得不到重视、职业道德教育缺乏针对性及系统性，应按照教育理论的三个教育过程探讨高职院校职业道德教育的对策。

第一，国家层面的职业道德教育改革。教育过程中，社会发展所需要的职业道德，是受教育者接受教育的前提条件。因此，高职院校要密切关注国家关于职业教育发展的一切政策、法规，在确保高职院校人才培养方案的基础上，把握国家职业教育发展的舆论导向。同时，利用各种传播方式对职业道德模范进行推广，引导高职院校大学生形成正确职业观，对各种职业充满敬重。

第二，校园层面的职业道德教育。教育过程中，高职院校要通过党政团干部、思政课教师和哲社教师、辅导员等，运用课堂理论知识灌输、典型案例分析、模范人物激励等方式，把职业教育内容传达给受教育者，使高职院校大学生明确职业教育理念，对爱岗敬业、诚实守信、办事公道、服务群众、奉献社会的职业道德内容产生职业情感，形成职业意识。

第三，社会层面的职业道德教育实践。实践活动在高职院校的职业生

---

① 中共中央马克思恩格斯列宁斯大林著作编译局编译. 马克思恩格斯选集（第四卷）[M]. 北京：人民出版社，2012：247.

活中必不可少，并且占有重要地位。高职院校大学生的自我提高过程，是高职院校大学生把接受的职业道德教育内容消化吸收内化为自己的职业素养并外化为行为实践，甚至养成为行为习惯的过程。高职院校的职业道德教育是一个系统工程，需要社会各部门的共同努力。社会要营造良好的职业道德环境，还要为高职院校大学生提供尽可能多的实践锻炼岗位。企业要加强企业文化建设，特别要利用校企合作的实践模式，把职业道德内容渗透给高职院校大学生，使他们喜欢自己所从事的职业，并立志把职业当成一项事业。高职院校要在大学生从事社会实践活动中，加强对他们的职业道德教育。

（五）以全面素质教育为目标

《国家中长期教育改革和发展规划纲要（2010—2020年）》中指出："坚持以人为本、全面实施素质教育是教育改革发展的战略主题。"[1]大学素质教育实施近20年来，无论在理论上还是在实践上都取得了巨大的成就。随着经济全球化、工业信息化对高素质创新型人才的强劲需求，大学教育强调对大学生生产能力及科技能力的提升，一定程度上弱化了对大学生的思想政治教育，实质上是偏离了素质教育的本质要求。素质教育就是培育、提高全体受教育者综合素质的教育。它以促进人、社会、自然的和谐发展为价值取向，以德智体美劳全面发展的合格公民为培养目标，以全面贯彻党和国家的教育方针为根本途径，以教育质量的全面提升为显著特征。思想政治教育与素质教育在本质上是一致的，都是培养学生的全面发展，提高综合素质以适应社会的发展。二者的价值观教育都是既追求个性自由又追求国家的整体利益，个性特征与社会责任意识紧密结合。二者都坚持党和国家的教育方针，思想政治教育是素质教育的应有之义，将二者紧密结合才能培养出德才兼备的高素质人才。

培育高素质技能型人才是高职院校的职责，也是素质教育的职责。结合高职院校人才培养目标的特点及大学生的特点，加强素质教育需要注意以下几个方面。

---

[1] 国家中长期教育改革和发展规划纲要（2010—2020年）[EB/OL].（2010-07-29）[2021-11-01]. http://www.gov.cn/jrzg/2010-07/29/content_1667143.htm.

第一，加强价值观教育。高职院校大学生的价值观教育，需要学校有目的、有计划地进行组织，主要培育大学生养成科学的价值观。它要以爱国和有骨气为核心的中国精神与以学术自由和崇尚真理为核心的大学精神加以融合，形成以社会责任感为核心，以人的健康和谐发展为旨归的中国式大学价值观体系。因此，高职院校要培育学生的爱校意识、自由追求学术、崇尚真理的大学精神及强烈的社会责任感。

第二，注重综合素质的养成教育。综合素质的养成教育实质上也是社会主义理想人格的养成教育。社会主义理想人格由协调性、进取性、创造性和超越性四个精神要素结合而成，并且具有若干优良品格的全面发展的人格模式。这种人格模式正好对应四种人格力量，体现在：思想道德力量对应协调性精神品质（包括正确的世界观、政治观、道德观、价值观；高度的责任感、仁爱精神、遵守规则的品质、公正、公平、正直、善良等）。智慧力量对应创造性精神品质（包括创造性的心理、创造性的知识结构、创造性的思维方式、创造性的能力等）。意志力量对应进取性精神品质（包括勇敢、果断、独立性、坚持性、自制力、竞争性、冒险精神、挫折耐力等）。反省力量对应超越性精神品质（包括反思、慎独、知耻、改过、完善和超越等品质）。[1]社会主义理想人格重在养成，要使这四种品质养成习惯化并外化为实践行动。

第三，注重人的认识或思维的自由。"自由是对必然的认识和对客观世界的改造。"[2]高职院校大学生要专注于自己所学专业并进行深入研究，提高技术水平并能娴熟操作，永无止境。

（六）加强科技伦理教育

科技伦理教育指社会中的人或组织，对科技工作者和其他受教育者实施道德影响的活动。这种活动可以通过不同的方式和途径，但必须依据特定的科技道德原则和规范来进行。科技伦理教育不仅是面对科技异化问题时人的主体性发展需要，也体现了应对科技发展带来的伦理问题时的社会

---

① 陈秉公. 主体人类学原理 [M]. 北京：中国社会科学出版社，2012：442.
② 毛泽东文集（第八卷）（一九五九年二月—— 一九七五年七月）[M]. 北京：人民出版社，1999：306.

性需要，实质上反映了人们期望通过伦理教化和道德实践解决现实科技伦理难题的一种合理诉求。科技伦理教育是一种促进人内在德性进化的教育。这里的"人"是指现实科技活动以及科技应用中的主体，其中包括工作者和全社会的人。大学生主体既可能是未来的科技活动者，也是社会中的一份子。

1. 大学生科技伦理教育的内容

（1）树立为人类服务的价值观

科技道德教育的核心是帮助青年科技人员树立为人类服务的人生价值观，处理好物质生活与道德生活、个人享受与事业理想的关系。"只有献身于社会的人，才能找到这短暂而充满风险的生命，赋予人的意义。"[①]树立为人类服务的科学价值观，就会明确科学研究的目的，就能够正确地对待科学。现代社会价值多元化的背景下，大学生的价值取向也受到了很大冲击，树立正确的科技价值观是科技伦理教育的首要内容。首先，要培养大学生的科技伦理意识。科技伦理意识包括对科技活动本身产生的伦理问题的认识和在此基础上形成的价值取向。对大学生科技伦理意识的培养增强科技知识和道德实践两方面进行，以端正大学生的学习态度，应对以后工作中出现的挑战。其次，在学校教育中要激发学生的科学兴趣。在科技伦理教育的内容中加入学生感兴趣的方面，比如高科技的最新成果，科学家的生平，对近期科学事件的评价，引发学生主动去了解科技伦理的内容。

（2）强调学生具有科学精神

科学精神即科学的精神气质，是科学共同体理想化的社会关系的准则。其具体内涵包括实证、开放、民主、批判等精神。科学精神是科学发展的基础，没有科学精神人类社会的发展就很可能会停滞不前。

科技伦理教育应注重对科技工作者科学精神的培养，在科学研究过程中科学精神尤为重要，因为一旦科技工作者掌握了科学精神的内在气质，就能够具有追求真理，坚持真理为真理献身的大无畏精神。近代以来科学精神在不断地补充发展，但基本上科学精神主要是指在科学探索中必须具备诚实、严谨、忠于事实的求实精神，善于分析、细心求证、坚信世界的

---

① 王前. 科技伦理意识养成研究 [M]. 北京：人民出版社，2014：34.

多元性的怀疑精神，以及敢于突破传统思想和理论，从多方论证的批判精神。马克思主义认为，实践是检验真理的唯一标准。科学精神强调实证，也就是求实，求真。大学生在学习和研究过程中也要特别强调实证精神，在实践中去检验认识的正确性，同时在对大学生的教育中要提倡学生的批判怀疑精神，使学生能够大胆的表达自己的想法，不囿于书本上的知识，倡导"扬弃"的观念。

（3）明确科技道德准则

不同领域和国家有不同的科技道德准则，如医学界历来把人道主义当成职业道德的根本原则，科技界则强调献身真理的原则。随着现代科技领域的不断扩大，科技道德准则也会不断地具体化。对大学生的科技伦理教育需要明确以下应遵守的科技道德准则。

首先，明确学术道德准则。学术伦理是科技工作者的行为规范，大学生学术伦理则体现在其学习方面，具体表现为不抄袭，不造假，不利用科学成果来牟利等。大学生在学术论文写作中窃取抄袭他人已发表的成果，在科学实验中人为地造假数据，这些都是违反学术道德的现象。明确学术道德准则，就要在大学生科技伦理教育过程中将科技道德具体化，使学生知道该怎样做。

其次，明确网络道德规范。随着网络技术的发展，网络道德日益成为社会关注的热点。网络道德，是指以善恶为标准，通过社会舆论、内心信念和传统习惯来评价人们的上网行为，调节网络时空中人与人之间以及个人与社会之间关系的行为规范。大学生应明确网络道德，依法律己，遵守"网络文明公约"，法律禁止的事坚决不做，法律提倡的积极去做。同时净化网络语言，坚决抵制网络有害信息和低俗之风，健康合理科学上网。

（4）增强大学生的社会责任感

当科学进入到社会情境之中，科学家的职责便不再是仅仅局限于科技研究之中，社会责任也成为科技工作者关注的重要内容。社会责任不仅是对自己、他人承担的责任，更涉及社会的各个方面，而科技伦理视野中的责任，是指科技活动中的个人和团体，在从事研究时，以有利于人类的生存和发展为目标，同时也能够承担由其研究成果带来的负面影响。

增强大学生的责任感，包括增强大学生的道德、法律和国家责任感。

道德责任感即遵守道德规范，它体现的是一个群体的理想信念。"爱国、诚信、团结、自强、奉献"是我国对公民的道德要求，大学生作为一个公民，也必须遵循这些道德规范。法律责任即遵从国家法律法规。法律规范人的行为，对大学生法律责任感的培养，能够使其在以后的工作中，不被各种利益诱惑而做出违反法律法规的行为。国家责任则主要表现在，忠诚国家，服务社会方面。科学无国界，但科学家有自己的国家，爱国精神存在与每个公民的心中，在对大学生进行科技伦理教育时，首先应该培养其对国家的责任感，忠于国家，造福自己的国民。

增强大学生的社会责任感，还应该特别注意培养其对生态环境的责任感。党的十七大提出"建设生态文明"社会的新理念，生态文明是为了建立良好的生态环境和有序的生态运行机制这是对科学、要求人类在改造客观世界的同时，积极改善人与自然、人与人、人与社会的关系，它是一种以人与自然、人与人、人与社会和谐共生、持续繁荣、全面发展为宗旨的文化伦理形态，这是和谐发展理念的升华。大学生在从事科技活动时如果具有全面的生态责任观念，未来科技发展产生的环境负效应就能相对减弱，有利于人类长远的发展。

2. 大学生科技伦理教育的目标

科技道德与法律不同，本身并没有强制的效力，它不能强制人去遵守道德规范，更多的是依靠人自身的"良心"，也就是说人心里的道德认知和一种责任感。所以科技伦理教育的目标就是增强科技伦理意识，从内心认可科技道德准则，从行为中践行科技伦理规范。

首先，增强大学生的道德修养。一旦科技被没有道德的人所用，那么将会被用到危害人类发展的方面。科技成果是否善用，关系到整个人类的未来。所以科技工作者不仅在科技研究中负有责任，而且还肩负着以科技成果造福人类社会的义务。随着科技渗透到社会生活的各个层面，科技伦理已经超越了公众责任，不仅要从思想上重视科技"双刃剑"，更要有从一开始就减少科技负效应的行动。

其次，促进理工科大学生人文素质的提高。由于我国高中阶段实行文理分科制，学生进入大学之后主要进行专业教育，导致大学生的文化素质，尤其理工科大学生的人文素质已经到了一种令人担忧的地步。人文素质与时代密不可分，而时代的精神是人文思想的重要部分之一。如果大学生不能够认同这个时代价值取向的科技伦理观念，可以说是人文素质的最大缺失。

最后，提高大学生在实践活动中的科技伦理意识。在当下这个信息时代，人们的生活中充斥着各种机遇，也布满了各种挑战，具备科技伦理意识，才能更好地生存。随着在手机等移动媒体的快速发展，普通人因为一个段子、一张照片、一段视频等小事情都可能成为网络红人，可以说网络极大地拉近了人与人的距离。但是这也意味着我们每个人都需要懂得网络世界的规则，明白网络世界中的伦理道德。然而，就现实情况来看，网络道德的遵守情况并非尽如人意，盗取他人隐私信息、侵犯他人的版权、网络暴力甚至各种网络犯罪花样百出。教育的最终目的是使受教育者能够运用知识，更好地在这个世界上生存，科技伦理教育的目的也是如此。所以将大学生的科技伦理教育转化为其自身的科技伦理意识，从而应用于生活实践中，也是当代大学生科技伦理教育的重要目标。

（七）融入中华优秀传统文化与企业文化

近年来，高职院校发展迅速的缘由之一在于加快了产教科融合、工学结合。有了企业的参与，高职院校发展有了依托和目标，有了育人基地。同时，有效的校企合作离不开校企之间文化的对接和交流，因此，将行业、企业文化融于"课程思政"，是专业课程的必然选择。同时，在企业文化的融合过程中，最主要的是中华优秀传统文化的价值引领，离开了中华民族优秀传统文化来谈企业文化，就失去了文化根基，如果能将二者有机结合运用于课程语境中，有助于增强学生的文化自信和职业自豪感。中华优秀传统文化推崇仁爱，强调责任奉献、以德立人、以诚待人、讲信修睦等，有助于培养学生良好的思想道德。同时，通过产教科的结合，传播企业文化，使企业的价值观、优质文化与课程教学实践实现互通，也可以在学分设定、教材内容、课堂组织等教学管理中将其固化，成为"课程思政"的一部分内容。

（八）融入工匠精神和劳模精神

高职院校的育人使命在于为国家输送高素质技能人才，服务企业，促进就业。因此，在基于类型特征的高职课程思政建设中，坚持培育和弘扬工匠精神、劳模精神，是高职院校育人的必要内容，这也是在各类课程中引导学生加深对马克思主义劳动观理解的重要途径。同时，高职院校的学生有一半课程都是在实训实习的劳动实践中完成的，劳动对于高职院校的学生来说具有更丰富的意义，工匠精神、劳模精神的注入将加深学生对劳动的认同，使学生形成崇尚劳动的自觉追求，养成吃苦耐劳的优秀品质，增强学生的创新精神和创造意识。另外，劳模精神、工匠精神是对时代主题内涵的系统提炼，可以引导学生把劳模精神、工匠精神自觉融入个人成长成才、建设社会主义现代化强国、实现中华民族伟大复兴的不懈奋斗中。总之，劳模精神、工匠精神要根植于高职"课程思政"教学体系和课堂教学中，让其外化于行、内化于心，营造良好的育人氛围。

参 考 文 献

[1] [英]赫·斯宾塞. 教育论：智育、德育和体育[M]. 北京：人民教育出版社，1962.

[2] 陆庆壬. 思想政治教育学原理[M]. 上海：复旦大学出版社，1986.

[3] 汤华泉，刘学忠. 古代田园诗选[M]. 合肥：黄山书社，1989.

[4] 李秀林. 辩证唯物主义和历史唯物主义[M]. 北京：中国人民大学出版社，1990.

[5] 徐中振. 志愿服务与社会发展[M]. 上海：上海三联书店，1998.

[6] [英]林顿. 行为互动：小范围相遇中的行为模式[M]. 张凯，译. 北京：社会科学文献出版社，2001.

[7] 班华. 现代德育论（第2版）[M]. 合肥：安徽人民出版社，2001.

[8] 王瑞荪. 比较思想政治教育学[M]. 北京：高等教育出版社，2001.

[9] 邓辉煌，当代大学生科技道德教育[J]. 湖北民族学院学报（哲学社会科学版），2001（04）.

[10] [美]塞缪尔·亨廷顿，劳伦斯·哈里森. 文化的重要作用——价值观如何影响人类进步[M]. 程克雄，译. 北京：新华出版社，2002.

[11] 王玄武，骆郁廷. 思想教育政治教育道德教育比较研究[M]. 武汉：武汉大学出版社，2002.

[12] 邹海贵，黄华勇. 论德育对大学生创新素质培养的功能[J]. 黑龙江高教研究，2002（11）.

[13] [斯洛文尼亚]斯拉沃热·齐泽克，泰奥德·阿多尔诺. 图绘意识形态[M]. 方杰，译. 南京：南京大学出版社，2002.

[14] 庄晓东. 文化传播：历史、现实和未来[M]. 北京：人民出版社，2003.

[15] 张耀灿，徐志远. 现代思想政治教育学科论[M]. 武汉：湖北人民出版

社，2003.

[17] 张耀灿，郑永廷，等．现代思想政治教育学（第2版）[M]．北京：人民出版社，2006.

[18] 潘建红．现代科技发展与道德教育重建［D］．武汉：华中科技大学，2006.

[19] 陈秉公．思想政治教育学基础理论研究[M]．长春：吉林大学出版社，2007.

[20] [美]克拉克·克尔．大学之用（第五版）[M]．北京：北京大学出版社，2008.

[21] 刘力，闵杰．高校思想政治教育载体研究[M]．沈阳：辽宁大学出版社，2008.

[22] 潘懋元．中国高等教育大众化的结构与体系[M]．广州：广东高等教育出版社，2009.

[23] [美]阿尔·里斯，杰克·特劳特．定位：有史以来对美国营销影响最大的观念[M]．谢伟山，苑爱冬，译．北京：机械工业出版社，2011.

[24] 陈秉公．主体人类学原理[M]．北京：中国社会科学出版社，2012.

[25] 姚素文．显性教育和隐性教育相结合的思想政治教育模式探究[J]．学校党建与思想教育，2012（06）．

[26] 张武艳，浅析科技伦理问题产生的原因及对策[J]．中国科技博览，2012（28）．

[27] 白显良．隐性思想政治教育基本理论研究[M]．北京：人民教育出版社，2013.

[28] 刘桂林，沈建根．企业学院：概念、内涵与机制[J]．高等职业教育（天津职业大学学报），2013（01）．

[29] 王前．科技伦理意识养成研究[M]．北京：人民出版社，2014.

[30] 郑永廷．论思想政治教育的内涵、外延与规范[J]．教学与研究，2014（11）．

[31] 王丹中．基点·形态·本质：产教融合的内涵分析[J]．职教论坛，2014（35）．

[32] 贺星岳．现代高职的产教融合范式[M]．杭州：浙江大学出版社，2015.

[33] 高山，胡杨. 网络思想政治教育创新与实践[J]. 思想政治教育研究，2015（03）.

[34] 吴巧慧. 应用型高校思想政治教育实效性探究[J]. 思想理论教育导刊，2015（06）.

[35] 于丽. 生态文明视域下理工科院校加强科技伦理教育的当代价值[J]. 思想政治研究，2015（10）.

[36] 闫睿颖. 高职院校思政课产教融合的分析[J]. 湖北函授大学学报，2015（12）.

[37] 熊伟荣. 提高德育实效性的重新审视[J]. 教学与管理，2015（34）.

[38] 宋妍. 高职院校产教融合与思想政治教育关系研究的意义与现状[J]. 黑龙江高教研究，2016（08）.

[39] 庄西真，郝天聪. 现代职业教育：体系、治理与转换[M]. 南京：江苏凤凰教育出版社，2017.

[40] 王德强. 教育心理学——教育实践与学生发展取向的心理学研究[M]. 武汉：华中科技大学出版社，2017.

[41]《十谈》编写组. 加强和改进新形势下高校思想政治工作十谈[M]. 北京：人民出版社，2017.

[42] 唐宁，郭常斐. 基于供给侧改革的高职"双师型"教师团队建设厦门城市职业学院学报，2017（03）.

[43] 何红娟. "思政课程"到"课程思政"发展的内在逻辑及建构策略[J]. 思想政治教育研，2017（05）.

[44] 焦连志. 构建与思想政治教育"同向同行"的高校育人课程体系的必要性[J]. 昌吉学院学报，2017（06）.

[45] 徐英辉，申茹. 校企合作共建"双师型"教师团队的探索与实践——以惠州卫生职业技术学院药学专业为例[J]. 河北职业教育，2017（06）.

[46] 李国和，闫辉. 澳大利亚TAFE模式研究[J]. 中国职业技术教育，2017（09）.

[47] 胡昌荣. 五位对接：高职教育"产教融合"的有效路径[J]. 职教论坛，2017（12）.

[48] 周晶，岳金凤. 十八大以来中国特色现代职业教育深化产教融合校企合作报告[J]. 职业技术教育，2017（24）.

[49] 冯婷. 基于思维的高等院校产教融合模式创新与实践分析[J]. 课程教育研究，2017（26）.

[50] 何衡. 高职院校从"思政课程"走向"课程思政"的困境及突破[J]. 教育科学论坛，2017（30）.

[51] 姚美雄. 教师素质训练和专业发展研究[M]. 成都：四川大学出版社，2018.

[52] 邱仁富. "课程思政"与"思政课程"同向同行的理论阐释[J]. 思想政治教育研究，2018（04）.

[53] 李梦卿，刘晶晶，刘占山. 职业教育第三方评价的价值原旨、需求功能与趋势常态——基于2017年福建省职业教育教学成果奖评审的思考[J]. 教育发展研究，2018（11）.

[54] 陈友力. 改革开放四十年中国高等职业教育政策的变迁——历史、结构与动力[J]. 教育学术月刊，2018（12）.

[55] 石书臣. 正确把握"课程思政"与思政课程的关系[J]. 思想理论教育，2018（11）.

[56] 吴显嵘. 基于产教融合的高职产业学院建设机理及路径研究[J]. 中国职业技术教育，2018（29）.

[57] 黄艳. 产教融合的研究与实践[M]. 北京：北京理工大学出版社，2019.

[58] 董世骏. 建设社会主义教育强国研究[M]. 北京：人民出版社，2019.

[59] 程德慧. 产教融合视域下高职院校"课程思政"改革的探索与实践[J]. 教育与职业，2019（03）.

[60] 田应辉，徐森. "思政课程"与"课程思政"协同育人机制探究——以高职土建类专业为例[J]. 辽宁高职学报，2019（04）.

[61] 任武娟，何雯. 高职院校传统思想政治教育与产教融合背景下思想政治教育比较分析[J]. 国际公关，2019（07）.

[62] 石伟平，郝天聪. 产教深度融合校企双元育人——《国家职业教育改革实施方案》解读[J]. 中国职业技术教育，2019（07）.

[63] 路宝利，缪红娟. 职业教育"类型教育"诠解：质的规定性及其超越

[J]. 职业技术教育，2019（10）.

[64] 戴立兴. 练好"面对面"谈心谈话的基本功——不能无限夸大新媒体沟通的重要性[J]. 人民论坛，2019（26）.

[65] 王泳涛. 高职院校深化产教融合的内涵认知与机制创新[J]. 职业技术教育，2019（28）.

[66] 周应中. 新中国70年职业教育产教融合政策变迁逻辑–历史制度主义的视角[J]. 职业技术教育，2019（33）.

[67] 胡琴. "课程思政"视域下高职院校思政课实践教学与专业实践协同育人路径研究[J]. 教育教学论坛，2019（42）.

[68] 李梦卿，邢晓. "双高计划"背景下高等职业教育人才培养方案重构研究[J]. 现代教育管理，2020（01）.

[69] 匡瑛. 高等职业教育的"高等性"之惑及其当代破解[J]. 华东师范大学学报（教育科学版），2020（01）.

[70] 王思源，等. 项目引领的实训教学模式探索与实践——以成都航空职业技术学院为例[J]. 成都航空职业技术学院学报. 2020（02）.

[71] 陈佩云. 逻辑、内涵、趋势：我国高等职业教育质量发展的嬗变[J]. 高等职业教育（天津职业大学学报），2020（03）.

[72] 楼世洲，岑建. 产教融合视角下高职院校"双师型"教师团队建设的创新机制[J]. 职业技术教育，2020（03）.

[73] 王志伟. 论高职院校专业设置与专业建设[J]. 教育与职业，2020（04）.

[74] 温凤媛，白雪飞. 高校产教融合发展的影响要素研究[J]. 辽宁教育行政学院学报，2020（06）.

[75] 王天泽，马涛. 思想政治理论课建设坚持理论性与实践性相统一论析[J]. 思想教育研究，2020（07）.

[76] 陈晓磊. 产教融合背景下高职思想政治理论课实践教学模式构建研究[J]. 职业，2020（07）.

[77] 吴杨伟. "双高计划"背景下高职"双师"队伍建设的定位、问题与路径研究[J]. 职教论坛，2020（08）.

[78] 李宏伟，徐化娟. 新时期职业教育"双师型"教师队伍建设策略研究

[J]. 中国高等教育，2020（09）.

[79] 蒋达勇. 政治、学术与生活：中国大学功能与结构的重塑[J]. 高教探索，2020（10）.

[80] 朱善元，李巨银，杨海峰，黄陈. 以国家"双高计划"引领高职院校"提质赋能"的路径与举措[J]. 江苏高教. 2020（12）.

[81] 苏志刚. 类型教育背景下高职院校品牌建设路径探究[J]. 职业技术教育，2020（20）.

[82] 高闻青. "双高计划"背景下专业群的组建逻辑与建设策略——以小学教育专业群为例[J]. 当代教育与文化，2021（01）.

[83] 张健. 职业教育"类型"确立的追问与行动策略[J]. 职业教育研究，2021（01）.

[84] 潘书才，徐永红，陈宗丽. 高职院校"产教融合，校企共育"人才培养机制探究[J]. 江苏经贸职业技术学院学报，2021（05）.